HISTOIRE

ANCIENNE

DE

ROLLIN.

5.

LAGNY. — Imprimerie d'A. LE BOYER et Cie.

HISTOIRE
ANCIENNE

DE

ROLLIN.

NOUVELLE EDITION,

ENRICHIE D'UNE NOTICE SUR ROLLIN.

TOME CINQUIÈME.

PARIS,

CHEZ PHILIPPE, LIBRAIRE,

RUE FURSTEMBERG, N° 8.

—

1835.

HISTOIRE ANCIENNE

DES ÉGYPTIENS,

DES CARTHAGINOIS, DES ASSYRIENS, DES BABYLONIENS, DES MÈDES ET DES PERSES.

DES MACÉDONIENS ET DES GRECS.

(Suite du § II.)

Quand Cyrus vit que le fossé auquel on travaillait depuis long-temps était achevé, il songea sérieusement à exécuter son grand dessein, dont il n'avait encore fait part à personne. La Providence lui en fournit une occasion telle qu'il la pouvait souhaiter. Il apprit qu'on devait célébrer à Babylone une grande fête, et que les Babyloniens avaient accoutumé, dans cette solennité de passer la nuit entière et à faire boire et à faire la débauche.

Balthasar prit part, plus qu'aucun autre, à cette réjouissance publique, et fit un festin magnifique aux premiers officiers de son royaume et aux dames de la cour. Dans la chaleur du vin, il fit apporter les vases d'or et d'argent qui avaient été enlevés du temple de Jérusalem; et, comme pour insulter au Dieu d'Israël, il y but lui et toute sa cour, et il fit boire toutes ses concubines. Dieu, irrité d'une telle impiété et d'une telle insolence, lui fit sentir dans le moment même à qui il s'était attaqué, et fit paraître tout à coup sur la muraille une main qui écrivait certains caractères. Le roi, étrangement surpris et effrayé de cette vision, manda sur-le-champ tous ses sages, tous ses devins, tous ses astrologues, pour lire cette écriture et en expliquer le sens; ce fut inutilement. Aucun d'eux ne put ni expliquer ni lire * ces caractères. C'est peut-être par rapport à cet évènement qu'Isaï, après avoir prédit à Babylone qu'elle se trouvera tout d'un coup accablée de maux auxquels elle ne s'attendait point, ajoute : Appelez à votre secours vos enchanteurs.... Que vos astrologues, qui contemplent le ciel, qui étudient le cours et la disposition des astres, se présentent maintenant et vous sauvent. La reine-mère (c'était Nitocris, princesse d'un grand mérite), étant ve-nue, au bruit de ce prodige, dans la

---

* Le raison pourquoi ils purent lire cette sentence, c'est qu'elle était écrite en lettres hé—braïques, qui sont appelées aujourd'hui les carac-tères samaritains, que les Babyloniens ne con—naissaient point.

salle du festin, tâcha de rassurer l'esprit du roi son fils, et lui parla de Daniel, dont elle connaissait l'habileté dans ces sortes de matières, et qu'elle avait toujours employé dans le gouvernement de l'état.

Il fut donc mandé sur-le-champ, et parla au roi avec une liberté véritablement prophétique. Il le fit souvenir de la manière terrible dont Dieu avait puni l'orgueil de son grand-père Nabuchodonosor, et l'abus criant qu'il faisait de sa puissance, ne reconnaissant d'autre loi que sa volonté, et se croyant le maître d'élever l'un, d'abaisser l'autre, de ruiner celui-ci, de faire mourir celui-là, uniquement parce que tel était son bon plaisir. « Loin de profiter de son exemple, dit-il au roi, vous qui êtes son fils, vous avez affecté d'enchérir sur son orgueil et sur son impiété. Vous vous êtes élevé contre le dominateur du ciel; vous avez fait apporter devant vous les vases de sa maison sainte, et vous avez bu dedans, vous, vos femmes et vos concubines, avec les grands de votre cour. Vous avez rendu un hommage public de louange et d'honneur à vos dieux d'or et d'argent, de bois et de pierre, qui ne voient point;

qui n'entendent point, qui ne sentent point; et vous n'avez point rendu gloire au Dieu qui tient votre souffle dans sa main, et qui est le maître de toutes vos actions et de tous les momens de votre vie. C'est pour cela que Dieu a envoyé les doigts de cette main qui a écrit ce qui est marqué sur la muraille. Or, voici ce qui est écrit : MANE', THECEL, PHARES, et en voici l'interprétation : MANE', Dieu a compté les jours de votre règne, et il en a marqué la fin; THECEL, vous avez été pesé dans la balance, et on vous a trouvé trop léger; PHARES, votre royaume a été divisé, et il a été donné aux Mèdes et aux Perses. » Cette interprétation devait encore augmenter le trouble, mais on se rassura, apparemment sur ce que le malheur n'était pas annoncé comme présent, et que l'avenir pourrait fournir des expédiens pour le détourner. Ce qui est certain, c'est que la crainte de troubler une joie universelle et présente ayant fait renvoyer la discussion des affaires sérieuses à un autre temps, on se remit à table, et l'on poussa la débauche fort avant dans la nuit.

Cependant Cyrus, bien informé de la

confusion que cette fête avait coutume de répandre dans le palais et dans la ville, avait posté une partie de ses troupes à l'endroit où le fleuve entrait dans la ville, et l'autre partie à celui où il en sortait, et leur avait commandé d'entrer cette nuit dans la ville par le lit du fleuve dès le moment qu'ils le trouveraient guéable. Après avoir donné tous les ordres nécessaires, et exhorté les officiers à le suivre, en leur représentant qu'il marchait sous la conduite des dieux, il fit ouvrir sur le soir la tranchée des deux côtés de la rivière, au-dessous et au-dessus de la ville, afin d'y faire écouler les eaux : par ce moyen le lit de l'Euphrate se trouva bientôt à sec. Alors les deux corps de troupes, selon leurs ordres, s'y jetèrent, conduits, l'un par Gobryas, et l'autre par Gadatas, et s'avancèrent sans trouver d'obstacle. Le guide invisible, qui avait promis à Cyrus de lui ouvrir toutes les portes, s'était servi de la negligence et du désordre qui régnaient partout pendant cette nuit de dissolution, pour laisser ouvertes les portes d'airain qui fermaient les descentes du quai vers le fleuve, qui seules auraient pu faire échouer son entreprise. Ainsi ces deux corps de

troupes pénétrèrent jusque dans le cœur
de la ville sans trouver de résistance, et
s'étant rencontrés au palais royal comme
ils en étaient convenus, surprirent la garde
et la mirent en pièces. Ils se jetèrent aussitôt dans le palais, dont quelques-uns de
ceux qui étaient au-dedans avaient ouvert
les portes pour savoir d'où venait le bruit
qu'on entendait. Ils s'en rendirent les maîtres; et ayant rencontré le roi, qui venait
à eux, l'épée à la main, à la tête de ceux
qui s'étaient trouvés à portée de le secou-
rir, ils le tuèrent, et firent main-basse sur
tous ceux qui l'accompagnaient. Le premier soin des vainqueurs fut de remercier
les dieux d'avoir enfin puni ce *roi impie*.
Cette remarque de Xénophon mérite d'être
pesée, et elle s'accorde merveilleusement
avec tout ce que l'Ecriture nous dit de
l'impie Balthasar.

(Av. J.-C. 538.) A la prise de Babylone
finit l'empire babylonien, après avoir duré
210 ans depuis le commencement du règne
de Bélésis. Par là fut anéantie la puissance
de cette ville superbe, cinquante ans précisément après qu'elle eut détruit Jérusalem et son temple. Par là furent accomplies
les prédictions qu'Isaïe, Jérémie et Daniel

avaient prononcées contre elle, comme on l'a vu par tout ce qui a été rapporté jusqu'ici. Il en reste une, la plus importante de toutes, la plus incroyable, et celle néanmoins qui est marquée dans l'Écriture de la manière la plus précieuse et la plus forte; prédiction accomplie à la lettre dans tous ses points, et dont la preuve est actuellement subsistante, la plus facile à vérifier, et la plus incontestable. C'est la prédiction de la ruine totale et entière de Babylone, en sorte qu'il n'en doit pas rester le moindre vestige. Je crois devoir exposer l'accomplissement de cette fameuse prophétie, avant que de passer à ce qui suivit la prise de Babylone.

§ III. Cette prédiction se trouve dans plusieurs prophètes, mais surtout dans Isaïe, chap. 13, depuis le verset 19 jusqu'au 22, et chap. 14, versets 23 et 24. Je l'ai rapportée dans son entier ci-devant pag. 110. Il y est marqué que Babylone sera entièrement détruite, comme le furent autrefois les villes criminelles de Sodome et de Gomorrhe : qu'elle ne sera plus habitée : qu'on ne la rebâtira jamais; que les Arabes n'y dresseront pas même leurs tentes , et que les pasteurs n'y viendront point pour y faire reposer leurs troupeaux : qu'elle deviendra la retraite des bêtes sauvages et des oiseaux nocturnes : qu'un marais couvrira le lieu qu'elle avait occupé, en sorte qu'il ne restera pas même de vestiges de l'endroit où elle aura été. C'est Dieu même qui avait prononcé cet arrêt, et il est utile à la religion de vérifier avec quelle exactitude chaque article en a été successivement accompli.

I. Babylone perdit d'abord la qualité de ville royale. Les rois de Perse lui préférèrent un autre séjour. Suse, Ecbatane, Persépolis, toute autre demeure leur plut davantage; et eux-mêmes ruinèrent une partie de la ville.

II. Strabon et Pline nous apprennent que les Macédoniens, qui succédèrent aux Perses, non-seulement la négligèrent et ne furent occupés ni du soin de l'embellir ni de celui de la réparer, mais qu'ils affectèrent même de bâtir dans son voisinage Séleucie, pour la faire abandonner, et pour lui ôter ce qui lui restait d'habitans. Il n'y a rien de plus propre à expliquer ce que le prophète avait prédit : *non habitabitur.* Ses propres maîtres s'appliquent à la rendre déserte.

III. Les nouveaux rois de Perse qui devinrent maîtres de Babylone achevèrent de la ruiner en bâtissant Ctésiphon , qui lui enleva ce qui lui restait d'habitans; et il semblait que, depuis qu'elle avait été frappée d'anathème , ceux qui devaient être ses protecteurs devenaient ses ennémis , et que tous croyaient être chargés du soin de la réduire en solitude , mais par des voies indirectes, et sans employer la violence, afin qu'il fût plus manifeste que c'était la main de Dieu plutôt que celle des hommes qui s'appliquait à l'anéantir.

IV. Elle fut si universellement abandonnée, qu'il ne resta plus que l'enceinte de ses murailles; et elle était réduite à cet état au temps que Pausanias * écrivait ses remarques sur la Grèce. [Av. J. C. 96.] *Illa autem Babylon , omnium quas unquam sol aspexit urbium maxima , jam præter muros nihil habet reliqui.* Pausan. in Arcad. pag. 509.

V. Les rois de Perse, la voyant déserte,

* Il écrivait sous Antonin, successeur d'Adrien.

en firent un parc, où ils enfermèrent des bêtes sauvages pour la chasse. Elle devint ainsi, comme le prophète l'avait prédit, la demeure des animaux cruels et ennemis de l'homme, ou fugitifs et timides. Ses citoyens furent convertis en des sangliers, des léopards, des ours, des ânes sauvages, des cerfs. Babylone fut la retraite des bêtes funestes, sauvages, ennemies de la lumière. *Requiescent ibi bestiæ, et replebuntur domus illorum draconibus*, etc.

[Av. J.-C. 400.] Saint Jérôme nous a conservé cette précieuse remarque; et il la tenait d'un religieux persan, qui avait vu ce qu'il lui avait rapporté. *Didicimus a quodam fratre elamiita, qui, de illis finibus egrediens, nunc Jerosolymis vitam exigit monachorum, venationes regias esse in Babylone, et omnis generis bestias murorum ejus ambitu tantum contineri.*

VI. Mais c'était encore trop que les murs de Babylone subsistassent. Ils tombèrent en plusieurs endroits, et ne furent pas réparés. Le reste suivit par divers accidens. Les bêtes qui servaient aux plaisirs des rois de Perse sortirent. Les serpens et les scorpions demeurèrent, et elle devint un lieu re-

doutable pour ceux qui auraient eu quelque curiosité pour visiter ses antiquités*.
L'Euphrate, qui la traversait, n'ayant plus un canal libre, prit avec le temps son cours ailleurs ; et il ne restait, au temps de Théodoret, qu'un filet d'eau qui coulait à travers les masures, et qui, n'ayant plus de pente ni d'écoulement libre, dégénérait nécessairement en un marais.

VII. Par tous ces changemens, Babylone devint entièrement déserte, et tous ses environs devinrent aussi affreux et aussi abandonnés que le lieu qu'elle avait occupé ; et les géographes les plus habiles ne savent aujourd'hui où le déterminer. Ainsi fut accompli à la lettre ce que Dieu avait prédit : « Je perdrai le nom de Baby-« lone... je couvrirai d'un marais le lieu « qu'elle occupe maintenant. Je recher-

* L'emplacement de Babylone, dit M. Letronne, est près de Hillah, à 16 lieues S. de Bagdad. Des éminences formées par la décomposition des bâtimens, couvertes, à la surface, de morceaux de briques, de bitume et de pots de terre ; quelques pans de murailles, et des débris de bâtimens en briques, parmi lesquels on croit reconnaître la tour de Bélus et les jardins suspendus ; voilà tout ce qui reste de cette ville superbe.

« cherai avec soin jusqu'à ses moindres ves-
« tiges pour les effacer. » Je ferai moi-même
la recherche, dit le Seigneur, avec un
œil jaloux : pour découvrir s'il ne restera
rien d'une ville ennemie de mon nom et
de Jérusalem. Je balaierai avec soin la place
où elle aura été, et je la rendrai si nette,
en effaçant jusqu'aux moindres vestiges
d'une ville, que personne ne pourra conserver la mémoire du lieu choisi par Nemrod, et aboli par moi, qui suis le Seigneur.

VIII. Dieu ne s'était pas contenté de
faire prédire tous ces changemens; il avait
voulu terminer et sceller cette prédiction
par un serment, pour en marquer davantage la certitude. « Le Seigneur des armées
« a fait ce serment : Je jure que ce que j'ai
« résolu arrivera, et que ce que j'ai arrêté
« s'exécutera. » Mais, pour donner à ce
formidable serment toute son étendue, il
ne faut par le borner ni à Babylone, ni
au peuple qui l'a habitée, ni aux princes
qui y ont régné.

C'est la malédiction du monde entier
que nous lisons ici; c'est l'anathème général des impies; c'est l'arrêt foudroyant
qui séparera pour toujours les deux cités

de Babylone et de Jérusalem, et qui mettra un éternel divorce entre les saints et les réprouvés. Les Écritures qui l'ont prédit subsisteront jusqu'au jour où il sera exécuté. La sentence en est écrite ici, et mise comme en dépôt dans les archives publiques de la religion : *Juravit Dominus exercituum, dicens : Si non ut putavi, ita erit ; et quomodo mente tractavi, sic eveniet.*

Ce que j'ai dit sur la prophétie qui regarde Babylone est presque entièrement tiré d'un excellent ouvrage encore manuscrit sur Isaïe.

§ IV. Cyrus, étant entré dans la ville de la manière que nous l'avons marqué, fit faire main-basse sur tous ceux qui se rencontrèrent dans les rues ; puis il ordonna aux bourgeois de lui apporter toutes leurs armes, et de se tenir ensuite renfermés dans leurs maisons. Le lendemain, à la pointe du jour, quand la garnison qui était dans la citadelle eut appris que la ville était prise et le roi tué, elle se rendit à Cyrus. Ainsi, presque sans coup férir et sans trouver aucune résistance, il se vit maître paisible de la plus forte place qui fût au monde.

2.

Cyrus commença par remercier les dieux de l'heureux succès qu'ils venaient de lui accorder. Il assembla les principaux officiers, dont il loua publiquement le courage, la sagesse, le zèle et l'attachement pour sa personne, et distribua des récompenses à toute l'armée. Il leur remontra ensuite que l'unique moyen de conserver ce qu'ils avaient acquis était de persévérer dans leur ancienne vertu; que le fruit de la victoire n'était pas de s'abandonner aux délices et à l'oisiveté; qu'après avoir vaincu les ennemis par la force des armes, il serait honteux de se laisser vaincre par les attraits de la volupté; qu'enfin, pour conserver leur ancienne gloire, il fallait maintenir à Babylone, parmi les Perses, la même discipline qui était observée dans leur pays; et pour cela donner leurs principaux soins à la bonne éducation des enfans. « Par là,
« dit il, nous deviendrons nous-mêmes
« plus vertueux de jour en jour, en nous
« efforçant de leur donner de bons exem-
« ples; et il sera bien difficile qu'ils se
« corrompent, lorsque parmi nous ils ne
« verront et n'entendront rien qui ne les
« porte à la vertu, et qu'ils seront conti-

« nuellement dans une pratique d'exercices
« louables et honnêtes. »

Cyrus confia à différentes personnes,
selon les qualités qu'il leur connaissait,
différentes parties et différens soin du
gouvernement; mais il se réserva à lui
seul celui de former des généraux, des
gouverneurs de provinces, des ministres,
des ambassadeurs, persuadé que c'était
là proprement le devoir et l'occupation
d'un roi, et que de là dépendaient sa
gloire, le succès des affaires, le repos et
le bonheur de l'empire. Son grand talent
était d'étudier le caractère des hommes,
afin de marquer à chaque personne sa
place; de donner de l'autorité à proportion du mérite; de faire concourir le bien
particulier au bien public, et de conduire
tout l'état par un mouvement si réglé,
que tout se liât et s'entretînt; et que la
force des uns ne fût employée que pour
l'utilité des autres. Chacun avait son dis-
trict et son objet particulier, dont il rendait compte à celui qui était au-dessus de
lui, et celui-là à un troisième, et ainsi de
tous les autres, jusqu'à ce que, par ces
différens degrés et par cette subordination

reglée, la connaissance des affaires parvînt jusqu'au roi, qui ne demeurait point oisif au milieu de tout ce mouvement, mais était comme l'ame du corps de l'état, qu'il gouvernait par ce moyen avec autant de facilité qu'un père gouverne sa famille.

Lorsque dans la suite il envoya des gouverneurs, qu'on appelait *satrapes*, dans les provinces qu'il avait subjuguées, il ne voulut pas que les gouverneurs particuliers des places, ni les officiers des troupes entretenus pour la sûreté du pays, dépendissent d'eux, ni obéissent à d'autres qu'à lui, afin que, si un satrape, enflé de sa grandeur et de ses richesses, venait à abuser de son autorité, il trouvât dans son propre gouvernement des témoins et des censeurs de sa mauvaise conduite : car il n'évitait rien tant en tout genre que de confier un pouvoir absolu à un seul homme, sachant qu'un prince se repentira bientôt d'avoir élevé cet homme unique, s'il consent qu'il abaisse tous les autres.

Il établit un ordre merveilleux pour la guerre, pour les finances, pour la police. Il avait dans toutes les provinces des personnes d'une probité reconnue, qui lui ren-

daient compte de tout ce qui s'y passait
Il était attentif à honorer et à récompenser
tous ceux qui se distinguaient par leur mérite, et qui excellaient en quelque genre
que ce fût. Il préférait infiniment la clé-
mence au courage guerrier, parce que
celui-ci entraîne souvent la ruine et la désolation des peuples, au lieu que l'autre
est toujours bienfaisante et salutaire. Il
s'avait que les lois peuvent beaucoup contribuer au règlement des mœurs; mais,
selon lui, le prince devait être par son
exemple une loi vivante; et il ne croyait pas
qu'il fût digne de commander aux autres,
s'il n'avait plus de lumières et plus de
vertu que ses sujets. Il était persuadé aussi
que le moyen le plus sûr de s'attirer le respect des grands de la cour et de tous ceux
qui l'approchaient était de leur en porter
assez de son côté pour ne vouloir jamais
en leur présence rien faire ni rien dire qui
fût contraire aux règles de l'honnêteté et
de la pudeur.

La liberalité lui paraissait une vertu véritablement royale, et il ne trouvait rien de
grand ni d'estimable dans les richesses que
le plaisir de les distribuer aux autres. « J'ai

de grandes richesses, disait-il à ses courtisans; je l'avoue, et je suis bien aise qu'on le sache; mais vous devez compter qu'elles ne sont pas moins à vous qu'à moi. En effet dans quelle vue les amasserais-je? Serait-ce pour mon propre usage, et pour les consumer moi-même? cela me serait impossible, quand je le voudrais; c'est pour être en état de distribuer des récompenses à ceux qui servent utilement le public, et d'accorder quelque soulagement à ceux qui me feront connaître leurs besoins. »

Un jour Crésus lui représenta qu'à force de donner il se rendrait lui-même pauvre, au lieu qu'il aurait pu être le plus riche prince du monde, et amasser des trésors infinis. Et à quelle somme pensez-vous, reprit Cyrus, qu'auraient pu monter ces trésors? Crésus fixa une certaine somme, qui était immense. Cyrus fit écrire un petit billet aux seigneurs de sa cour; par lequel il leur faisait savoir qu'il avait besoin d'argent. Sur-le-champ il lui en fut apporté beaucoup plus que la somme que Crésus avait marquée. Voilà, lui dit-il, mes trésors; voilà les coffres où je garde mes richesses : le cœur et l'affection de mes sujets.

Il estimait donc beaucoup la libéralité ; mais il faisait encore plus de cas de la bonté, de l'affabilité, de l'humanité, qualités propres à gagner les cœurs et à se faire aimer des peuples, ce qui est proprement régner : outre que, d'aimer plus que les autres à donner, quand on est infiniment plus riche qu'eux, est une chose moins surprenante que de descendre en quelque sorte du trône pour s'égaler à ses sujets.

Mais ce qu'il préférait à tout était le culte des dieux et le respect pour la religion. Ce fut aussi à quoi il crut devoir donner ses premiers soins, dès que, par la conquête de Babylone, il se vit plus libre et plus maître de son temps. Il commença par y établir des mages pour chanter des cantiques dès le matin en l'honneur des dieux, et pour leur offrir des sacrifices ; ce qui fut toujours pratiqué de la même sorte dans les temps suivans.

L'exemple et le goût du prince devinrent bientôt, comme cela est ordinaire, le goût et la règle des sujets. Les Perses, qui voyaient que le règne de Cyrus n'avait été qu'une suite et un enchaînement de prospérités continuelles, crurent qu'en servant les dieux comme lui ils jouiraient d'un bonheur semblable au sien; et d'ailleurs ils sentaient bien que c'était là le moyen le plus sûr de lui plaire et de lui faire utilement leur cour. Cyrus, de son côté, était fort aise de voir en eux ces sentimens, persuadé que quiconque était vertueux et craignant Dieu était en même temps bon et fidèle serviteur des rois, et inviolablement attaché à leur personne et au bien de l'état. Tout cela est admirable, mais n'est vrai et réel que dans la vraie religion.

Cyrus, ayant résolu d'établir sa principale demeure à Babylone, ville puissante qui ne pouvait pas lui vouloir de bien, crut devoir prendre plus de précautions qu'il n'avait fait jusque-là pour la sûreté de sa personne. Les temps les plus dangereux pour les princes, dans l'intérieur du palais, et où l'on pourrait le plus facilement attenter à leur vie, sont ceux du bain, de la table et du sommeil. Il songea donc à ne laisser approcher de lui que ceux sur la fidélité desquels il pouvait absolument compter; et les eunuques lui parurent, préférablement à tous autres, du caractère qu'il cherchait, parce qu'étant sans femme, sans enfans, sans famille, et d'ailleurs généralement méprisés par la bassesse de leur naissance et par la honte de leur éclat, toutes sortes de raisons les engageaient à s'attacher uniquement à leur maître, de la vie duquel dépendait toute leur fortune, et de qui seul ils tenaient et bien et considération. Il leur confia donc tous les ministères de la maison, et cet usage, déja connu avant lui, devint général dans tout l'Orient.

On sait qu'il passa aussi dans la suite chez les empereurs romains, auprès desquels les eunuques étaient tout-puissans : et cela n'est pas étonnant. Il était tout naturel que le prince, leur ayant confié le soin de sa personne, et trouvant en eux du zèle et du mérite, leur confiant aussi la conduite de quelques affaires, et que peu à peu il se livrât entièrement à eux. Ces habiles courtisans surent bien profiter de ces momens favorables où les princes, délivrés du poids de leur dignité qui leur est à charge, deviennent hommes, et se familiarisent avec leurs officiers. Par ce moyen, s'étant emparés de leur esprit et de leur confiance, ils s'accréditèrent dans

le palais , dominèrent dans les cours, s'at-
tirèrent le maniement de la conduite des
affaires publiques , se rendirent maîtres de
la distribution des charges et des honneurs,
et parvinrent eux-mêmes aux premières
dignités de l'état.

Mais les bons empereurs, tels qu'Alexandre Sévère , abhorraient les eunuques ,
comme des hommes vendus uniquement à
leur fortune, et ennemis par principe du
bien public; qui ne songeaient qu'à s'em--
parer de l'esprit du prince , à lui dérober la
connaissance des affaires, à écarter d'auprès
de lui tous les gens de mérite , et à le tenir
resserré dans l'enceinte étroite de trois ou
quatre officiers , qui le dominaient et le
maîtrisaient absolument.

Après que Cyrus eut donné ordre à tout
ce qui regarde le gouvernement, il songea
à se donner en spectacle au peuple nouvel-
lement conquis et à ses propres sujets , dans
une cérémonie auguste de religion , en al-
lant en cavalcade et en pompe aux endroits
consacrés aux divinités pour leur offrir des
sacrifices. Il affecta d'étaler dans cette marche tout ce que la magnificence a de plus
brillant et de plus capable d'imposer aux

peuples. Ce fut alors pour la première fois
qu'il songea à s'attirer le respect, non-seulement par l'éclat de la vertu, mais dit
l'historien, par celui d'une parure exté-
rieure, qui fût propre à éblouir les yeux,
et qui tînt quelque chose du charme et de
l'enchantement. Il manda les hauts officiers
des Perses et des alliés, et leur donna à
chacun des habits à la mode des Mèdes,
c'est-à-dire de longues robes qui descendaient jusqu'aux pieds. Elles étaient de
différentes couleurs plus brillantes les unes
que les autres, et toutes richement brodées
d'or et d'argent. Il leur en donna outre
cela un grand nombre d'autres, très magnifiques aussi, mais moins riches, pour en
faire présent aux officiers subalternes. Les
Perses, en cette occasion, prirent pour la
première fois l'habillement des Mèdes, et
commencèrent, à leur imitation, à se pein-
dre les yeux et à se mettre du rouge au visage, afin d'avoir l'œil plus vif et le teint
plus vermeil.

Quand le jour de la cérémonie fut arrivé, tout le monde, dès la pointe du jour,
se rendit auprès du roi. Quatre mille soldats des gardes, rangés quatre à quatre,

se placèrent devant le palais, et deux mille autres aux deux côtés du même palais. Toute la cavalerie se trouva là, les Perses à droite, les alliés à gauche. Les chariots de guerre se rangèrent moitié de chaque côté. Quand les portes du palais furent ouvertes, on en vit sortir premièrement quantité de taureaux d'une beauté merveilleuse, qu'on menait quatre à quatre pour sacrifier à Jupiter et aux autres dieux, selon les cérémonies prescrites par les mages. Suivaient les chevaux qui devaient être sacrifiés au Soleil. Puis d'abord un chariot blanc couronné de fleurs, dont le timon était doré; il devait être offert à Jupiter; ensuite un second chariot de même couleur, et paré de même, pour le Soleil : enfin, un troisième, dont les chevaux étaient caparaçonnés de housses d'écarlate. Derrière, marchaient les hommes qui portaient le feu sacré dans un grand foyer. Quand tout cela fut en marche, Cyrus commença à paraître sur son chariot, portant sur sa tête la tiare droite, ceinte du diadème ou bandeau royal. Sa tunique de dessous était de pourpre mi-partie de blanc, couleur qui ne convient qu'au roi. Par-dessus le tout il avait un grand manteau de pourpre. Ses mains étaient nues. Un peu au-dessous de lui était assis son écuyer, d'une taille assez avantageuse, mais inférieure à celle de Cyrus, qui par là en paraissait encore plus grande. Dès qu'on l'aperçut, tous se prosternèrent devant lui et l'adorèrent, soit que des gens apostés exprès, et placés d'espace en espace, en eussent donné aux autres l'exemple et le signal, soit qu'ils s'y portassent d'eux-mêmes, étonnés par la magnificence de cette pompe, et éblouis par l'éclat de la majesté du roi. Jamais jusque-là aucun des Perses ne s'était prosterné devant lui de la sorte.

Dès que le chariot de Cyrus fut sorti du palais, les quatre mille soldats des gardes commencèrent à se mettre en marche; les deux mille autres partirent en même temps, et se mirent aux deux côtés du chariot. Les eunuques ou grands-officiers de la maison du roi, au nombre de trois cents, magnifiquement vêtus, le javelot à la main, et montés sur de superbes chevaux, suivaient immédiatement le chariot de Cyrus. Après eux on menait en main deux cents chevaux de selle de l'écurie du roi, chacun ayant la couverture en broderie et le frein d'or; puis marchait la cavalerie persane, divisée en quatre corps de dix mille hommes chacun; et après elle la cavalerie des Mèdes et celle des alliés. Les chariots, rangés quatre à quatre, fermaient la marche.

Quand ils furent arrivés aux champs consacrés aux Dieux, on offrit des sacrifices, d'abord à Jupiter, puis au Soleil. On brûla en l'honneur du premier des taureaux, et des chevaux en l'honneur du second. On égorgea aussi quelques victimes à la Terre, selon l'ordonnance des mages, puis aux demi-dieux protecteurs de la Syrie *.

Cyrus, pour égayer un peu les esprits, jugea à propos de terminer cette cérémonie grave et sérieuse par des jeux et des courses de chevaux et de chariots. L'endroit où l'on s'était arrêté était large et spacieux. Il désigna un certain espace d'environ un quart de lieue, et proposa des prix aux vainqueurs, séparément pour chaque nation. Il remporta celui de la course parmi les Perses : car personne n'était si bon homme de cheval que lui. Les chariots coururent aussi seul à seul.

* La Syrie, chez les Anciens, est souvent prise pour l'Assyrie.

Ces sortes de cavalcades se faisaient encore long-temps après chez les Perses de la même sorte, si ce n'est qu'on n'y immolait pas toujours des victimes. Toutes les cérémonies étant achevées, ils retournèrent à la ville dans le même ordre.

Quelques jours après, Cyrus, pour célébrer la victoire qu'il avait remportée dans la course aux chevaux, donna un grand repas aux principaux officiers, tant des Perses et des Mèdes que des étrangers : on n'avait encore rien vu de si superbe et de si somptueux. Il le termina par des présens magnifiques qu'il leur fit à tous. Il les renvoya ainsi comblés de joie, d'admiration, de reconnaissance, et tout puissant qu'il était, maître de tout l'Orient et de tant de royaumes, il ne craignit point de dégrader sa majesté en les reconduisant tous jusqu'à la porte de son appartement. Telles étaient les mœurs de ces temps anciens, où l'on savait joindre beaucoup de simplicité à beaucoup de grandeur.

ARTICLE III.

Histoire de Cyrus, depuis la prise de Babylone jusqu'à sa mort.

Cyrus, se voyant maître de l'Orient par

la prise de Babylone, n'imita pas la plupart des conquérans, qui ternissent la gloire de leurs expéditions par une vie molle et voluptueuse, à laquelle ils s'imaginent avoir droit de s'abandonner après les longs travaux qu'ils ont supportés; mais il crut devoir soutenir sa réputation par les mêmes moyens qui la lui avaient acquise, c'est-à-dire par une conduite sage, et par une vie laborieuse et toujours occupée de ses devoirs.

§ I. Quand Cyrus crut avoir suffisamment donné ordre aux affaires de Babylone, il songea à faire un voyage en Perse. Il passa par la Médie pour y saluer Cyaxare, son oncle, à qui il fit de grands présens, et lui marqua qu'il trouverait à Babylone un palais magnifique tout préparé quand il voudrait y aller, et qu'il devait regarder cette ville comme lui appartenant en propre. En effet, Cyrus, tant que son oncle vécut, partagea avec lui l'empire, quoique conquis tout entier par sa valeur : il porta même la condescendance jusqu'à lui déférer le premier rang. [Av. J. C. 538.) C'est Cyaxare qui est appelé dans l'Écriture Darius le Mède; et nous verrons que Daniel, sous son règne, qui ne dura que deux ans, eut plusieurs révélations. Il paraît que Cyrus, lorsqu'il fut revenu de Perse, mena Cyaxare avec lui à Babylone.

Lorsqu'ils y furent arrivés, ils dressèrent de concert le plan de toute la monarchie. Ils la divisèrent en six-vingts provinces; et afin que les ordres du prince y pussent être portés avec plus de diligence, Cyrus établit d'espace en espace des postes, où les courriers, qui marchaient jour et nuit, trouvaient des chevaux tout prêts, et, par ce moyen, faisaient une diligence incroyable. Ils donnèrent le gouvernement de ces provinces à ceux qui avaient le plus aidé Cyrus à soutenir le faix de cette guerre, et qui lui avaient rendu de plus grands services. Ils établirent sur eux trois surintendans, qui devaient toujours résider à la cour, et à qui ils devaient rendre compte de temps en temps de ce qui se passerait dans leur gouvernement, et qui devaient leur faire tenir les ordres du prince; de sorte que ces trois principaux ministres devaient avoir la surintendance et la principale administration des affaires de toute la monarchie. Daniel fut établi le premier des trois. Cette préférence lui était due, tant à cause de sa haute sagesse, qui était renommée dans tout l'Orient, et qui avait éclaté d'une manière particulière dans le repas de Balthasar, que par son ancienneté et par son expérience consommée dans les affaires: car il y avait alors soixante-huit ans, à compter depuis la quatrième année de Nabuchodonosor, qu'il avait été employé en qualité de premier ministre des rois de Babylone.

Comme cette distinction le rendait la seconde personne de l'empire, et le mettait immédiatement au-dessous du roi, les autres courtisans en conçurent une si grande jalousie, qu'ils se liguèrent enssemble pour le perdre. Ils ne pouvaient trouver de prise sur lui que du côté de la loi de Dieu, à laquelle ils savaient qu'il était inviolablement attaché. Ils obtinrent de Darius un édit par lequel il était défendu à tout homme de demander, durant l'espace de trente jours, quoi que ce fût, à quelque dieu ou à quelque homme que ce pût être, sinon au roi, et cela sous peine d'être jeté dans la fosse aux lions. Daniel fut surpris lorsqu'il faisait des prières ordinaires, le visage tourné vers Jérusalem, et il fut jeté dans la fosse; mais y ayant été conservé miraculeusement, et en étant sorti sain et sauf, ses calomniateurs y furent précipités, et dans le moment même dévorés par les lions. Cet évènement augmenta encore son crédit.

Sur la fin de la même année, qui était comptée comme la première de Darius le Mède, Daniel, par la supputation qu'il fit, ayant connu que les soixante-dix ans de la captivité de Juda, déterminés par le prophète Jérémie, tendaient à leur fin, pria Dieu instamment qu'il lui plût de se souvenir de son peuple, de rétablir Jérusalem, et de regarder favorablement sa ville sainte et le sanctuaire qu'il y avait placé. Sur quoi l'ange Gabriel l'assura, dans une vision, non-seulement de la délivrance des Juifs de leur captivité temporelle, mais encore d'une délivrance beaucoup plus considérable, c'est-à-dire de celle de la servitude du péché et du démon, que Dieu devait procurer à son Eglise, et qui devait s'accomplir après soixante-dix semaines, qui s'écouleraient depuis l'ordre qui serait donné pour le rétablissement de Jérusalem, c'est-à-dire après quatre cent quatre-vingt-dix ans : car, prenant chaque jour pour une année, selon le langage employé quelquefois dans l'Ecriture sainte, ces soixante-dix semaines d'années font quatre cent quatre-vingt-dix ans.

Cyrus, étant revenu à Babylone, avait donné ordre à toutes ses troupes de s'y rendre. Par la revue générale qu'il en fit, il trouva que ses forces montaient à six vingt mille chevaux, à deux mille chariots armés de faux, et à six cent mille hommes de pied. Après en avoir distribué dans les garnisons autant qu'il était nécessaire pour la défense des diverses parties de l'empire, il passa avec le reste dans la Syrie, où il mit ordre aux affaires de cette province, et subjugua tous ces pays jusqu'à la mer Rouge et aux confins de l'Ethiopie.

Ce fut apparemment dans cet intervalle de temps que Daniel fut jeté dans la fosse aux lions, et qu'il en fut miraculeusement délivré, comme nous venons de le voir.

Ce fut peut-être aussi dans le même temps que furent frappées ces fameuses pièces d'or appellées *dariques*, du nom de Darius Médus, lesquelles, pour leur beauté et leur finesse, furent préférées pendant plusieurs siècles à toutes les autres monaies dans tout l'Orient.

§ II. C'est ici que commence, à proprement parler, l'empire des Perses et des Mèdes réunis sous une même autorité. Cet empire, depuis Cyrus, qui en fut le premier roi, jusqu'à Darius-Codoman, qui fut vaincu par Alexandre-le-Grand, a duré l'espace de deux cent six ans, depuis l'année du monde 3468 jusqu'à 3674. Mais je ne dois parler dans ce volume que des trois premiers rois, et il me reste peu de chose à dire de celui qui a été le fondateur de ce nouvel empire.

(Av. J.-C. 536.) Cyrus Cyaxare étant mort au bout de deux ans, et Cambyse ayant aussi fini ses jours en Perse, Cyrus retourna à Babylone, et prit en main le gouvernement de l'empire.

On compte diversement les années du règne de Cyrus. Quelques-uns lui en donnent trente, en le commençant à sa première sortie de Perse, lorsqu'à la tête d'une armée, il marcha au secours de Cyaxare; d'autres ne lui en donnent que sept, en les comptant depuis que, par la

mort de Cyaxare et de Cambyse, il posséda seul l'empire.

C'est dans la première de ces sept
années, où expirait précisément la soixante-
et-dixième de la captivité de Babylone, que
Cyrus donna ce célèbre édit qui permettait
aux Juifs de retourner à Jérusalem. On
ne peut pas douter qu'il n'eût été obtenu
par les soins et à la sollicitation de Daniel,
qui avait un grand crédit à la cour. Pour le
porter plus promptement à lui accorder
cette grace, il lui montra sans doute les
prophéties d'Isaï, où, près de deux cents
ans avant sa naissance, il était désigné par
son propre nom comme un prince que Dieu
destinait à être un grand conquérant, et à
ranger sous sa domination un grand nombre de peuples, et en même temps à être
le libérateur des Juifs, en ordonnant que
leur temple fût rétabli, et que Jérusalem
et la Judée fussent possédées par leurs
anciens habitans. Je crois devoir rapporter
ici en entier cet édit, qui est le bel endroit
de la vie de Cyrus, et pour lequel on peut
croire que Dieu lui avait accordé tant de
vertus héroïques et une suite si constante
d'heureux succès et de glorieuses victoires.

« La première année de Cyrus, roi de
« Perse, le Seigneur, pour accomplir la
« parole qu'il avait prononcée par la bou-
« che de Jérémie, suscita l'esprit de Cyrus,
« roi de Perse, qui fit publier dans tout
« son royaume cette ordonnance, même
« par écrit. Voici ce que dit Cyrus, roi de
« Perse : Le Seigneur, le Dieu du ciel m'a
« donné tous les royaumes de la terre, et
« m'a commandé de lui bâtir une maison
« dans la ville de Jérusalem, qui est en
« Judée. Qui d'entre vous est de son peu-
« ple? que son Dieu soit avec lui. Qu'il aille
« à Jérusalem, qui est en Judée, et qu'il
« rebâtisse la maison du Seigneur, Dieu
« d'Israël. Celui qui est à Jérusalem est le
« *vrai* Dieu. Et que tous les autres, en
« quelques lieux qu'ils habitent, l'assistent
« du lieu où ils sont, soit en argent et en
« or, soit de tous leurs autres biens et de
« leurs bestiaux, outre ce qu'ils offrent vo-
« lontairement au temple de Dieu, qui est à
« Jérusalem. » Cyrus en même temps fit
remettre entre les mains des Juifs les vases
du temple du Seigneur, que Nabuchodonosor avait emportés de Jérusalem, et qu'il
avait mis dans le temple de son dieu. Les

Juifs, peu de temps après, partirent sous la conduite de Zorobabel pour retourner dans leur pays.

Les Samaritains, anciennement ennemis déclarés des Juifs, firent tout ce qu'ils purent pour arrêter la construction du temple, et quoiqu'ils ne pussent changer l'édit de Cyrus, ils firent tant, à force de présens et par leurs intrigues auprès des ministres et des officiers de qui la chose dépendait, que l'exécuion en demeura supendue : en sorte que pendant plusieurs années l'ouvrage n'avança que fort lentement.

(Av. J.-C. 534.) Il paraît que ce fut la douleur de voir l'exécution de cet édit si long-temps différée qui porta Daniel, le quatrième mois de la troisième année de Cyrus, à entrer dans une espèce de deuil, et à jeûner pendant trois semaines de suite. Il était alors près du Tigre en Perse. Quand ce temps de jeûne fut passé, il eut une vision qui regardait la succession des rois de Perse, l'empire des Macédoniens, et les conquêtes des Romains. Cette révélation est rapportée dans les chapitres x, xi, et xii de la prophétie de Daniel. J'en parlerai bientôt.

Ce qu'on trouve à la fin du douzième chapitre donne lieu de conjecturer qu'il mourut bientôt après ; et en effet son grand âge ne permet pas de croire qu'il ait pu guère vivre plus long-temps ; car il avait pour lors au moins quatre-vingt-cinq ans, en supposant qu'il en avait douze lorsqu'il fut transporté à Babylone avec les autres captifs. Dès ce temps-là il avait donné des marques d'une sagesse plus qu'humaine dans le jugement de Susanne. Il fut depuis fort considéré sous tous les princes qui régnèrent à Babylone, et toujours employé avec distiction dans le ministère.

La sagesse de Daniel ne s'étendait pas seulement aux chasses divines et aux affaires politiques, mais encore aux arts et aux sciences, et particulièrement à l'architecture. Josèphe nous parle d'un fameux édifice qu'il avait bâti à Suse * en forme de château, qui subsistait encore de son temps, et qui était si admirablement construit,

* C'est ainsi qu'il faut lire, selon saint-Jérôme, qui rapporte le même fait (*Comment. in Dan.* 8, 2) ; et non Ecbatane, comme on lit maintenant dans le texte de Josèphe.

qu'il semblait ne venir que d'être achevé, tant il conservait son premier éclat. C'était dans ce palais qu'était la sépulture ordinaire des rois des Perses et des Parthes; et, en considération de son fondateur, la garde en était encore, du temps de Josèphe, commise à un homme de la nation des Juifs. La tradition du pays était que Daniel était mort dans cette ville, et l'on y montrait encore son tombeau. Il est bien certain qu'il y allait de temps en temps, et il nous apprend lui-même *qu'il y faisait les affaires du roi*, en qualité de gouverneur pour le roi de Babylone.

Réflexions sur les Prophéties de Daniel.

J'ai différé jusqu'ici à faire quelques réflexions sur les prophéties de Daniel, qui son certainement, pour tout esprit raisonnable, une preuve bien convaincante de la vérité de notre religion.

Je ne m'arrêterai point à celle qui était personnelle à Nabuchodonosor, et qui marquait comment, en punition de son orgueil, il devait être réduit à la condition des bêtes; puis, après un certain nombre d'années, rétabli sur le trône. On sait que la chose arriva précisément comme Daniel l'avait prédit : c'est le prince lui-même qui en fait le récit dans une déclaration qu'il adresse à tous les peuples de son empire. Daniel a-t-il pu attribuer à Nabuchodonosor un manifeste qui n'aurait pas été de lui; le donner comme ayant été envoyé dans toutes les provinces, quoique personne ne l'eût vu; et publier au milieu de Babylone, pleine de Juifs et de Gentils, une attestation d'une telle importance et si injurieuse au prince, dont tout le monde aurait su la fausseté?

Je me contente de représenter ici en abrégé et sous un même point de vue, les prophéties de Daniel qui marquent la succession des quatre grands empires, et qui ont, comme on le voit clairement, un rapport essentiel et nécessaire avec la matière que je traite dans mon ouvrage, qui n'est autre que l'histoire de ces mêmes empires.

La première de ces prophéties regarde le songe qu'eut Nabuchodonosor d'une statue composée de différens métaux, d'or, d'argent, d'airain, de fer, laquelle fut brisée et réduite en poudre par une petite pierre détachée de la montagne, qui se changea elle-même en une montagne d'une grosseur et d'une hauteur extraordinaires. J'ai rapporté ce songe ailleurs assez au long.

Près de cinquante * ans, depuis, le même Daniel eut une vision qui a beaucoup de rapport à celle dont je viens de parler : c'est la vision des quatre grandes bêtes qui sortaient de la mer. La première était comme une lionne, et elle avait des ailes d'aigle ; la seconde ressemblait à un ours ; la troisième était comme un léopard qui avait quatre têtes ; enfin la dernière, plus forte encore et plus terrible que les autres, avait de grandes dents de fer ; elle dévorait, elle mettait en pièces et foulait aux pieds ce qui restait. Du milieu des dix cornes qu'elle avait en sortit une petite, qui avait les yeux d'un homme, et une bouche qui disait de grandes choses, et cette corne devint ensuite plus grande que les autres ; elle faisait la guerre contre les saints, et avait l'avantage sur eux, jusqu'à ce que l'Ancien des jours, c'est-à-dire l'Éternel, s'étant assis sur son trône environné de mille millions d'anges, prononça un jugement irrévocable sur ces quatre

* Ce fut la première année de Balthasar, roi de Babylone.

bêtes, dont il avait marqué la durée, et donna au Fils de l'homme puissance sur tous les peuples et toutes les tribus, mais une puissance éternelle qui ne lui sera point ôtée, et un royaume qui ne sera jamais détruit.

On convient que les différens métaux dont la statue était composée, et les quatre bêtes sorties de la mer, signifiaient autant de monarchies différentes qui se succéderaient les unes aux autres, dont les premières seraient détruites par les suivantes, et qui toutes feraient place à l'empire éternel de Jésus-Christ, pour lequel seul elles avaient subsisté. On convient aussi que ces quatre monarchies sont celles des Babyloniens, des Perses et des Mèdes unis ensemble, des Macédoniens et des Romains. L'ordre seul de leur succession en est une preuve bien certaine. Mais où Daniel voit-il cette succession et cet ordre? Qui lui découvrait le changement des empires, sinon celui qui est le maître des temps et des monarchies, qui a tout réglé par ses décrets, et qui en donne la connaissance à qui il lui plaît par une lumière surnaturelle?

Ce prophète, dans le chapitre suivant,

parle encore d'une manière plus détaillée
et plus précise ; car , après avoir marqué
la monarchie des Perses et celle des Macédoniens sous la figure de deux bêtes , il s'explique ainsi clairement : Le bélier , qui a
deux cornes inégales , représente le roi des
Mèdes et des Perses ; le bouc qui le renverse
et le foule aux pieds est le roi des Grecs ;
et la grande corne que cet animal a sur le
front représente le premier auteur de cette
monarchie.　Comment Daniel a-t-il vu que
l'empire des Perses serait composé de deux
nations différentes, Mèdes et Perses , et que
cet empire serait détruit par les Grecs ?
Comment Daniel a-t-il connu la rapidité des
conquêtes d'Alexandre , qu'il marque si
dignement en disant qu'il ne touchait pas
la terre. Comment a-t-il appris qu'Alexandre
n'aurait aucun successeur qui lui fût égal ,
et que le premier auteur de la monarchie
des Grecs serait aussi le plus puissant ?

Mais quelle autre lumière que celle de
la révélation divine a pu lui découvrir
qu'Alexandre n'aurait point de fils qui lui
succédât ; que son empire se démembrerait
en quatre principaux royaumes ; que ses
successeurs seraient de sa nation , et non

de son sang; et qu'il y aurait dans les débris d'une monarchie formée en si peu de temps de quoi composer des états, dont les uns seraient à l'orient, les autres au couchant, les uns au midi, et les autres au septentrion?

Le détail des faits prédits dans la suite des chapitres huitième et onzième n'est pas moins étonnant. Comment Daniel, qui vivait sous Cyrus, a-t-il pu prédire que le quatrième* de ses successeurs assemblerait toutes ses forces contre la Grèce? Comment ce prophète, qui était si éloigné du temps des Machabées, a-t-il pu marquer en particulier toutes les persécutions d'Antiochus contre les Juifs; la manière dont il abolirait le sacrifice qui s'offrait tous les jours dans le temple de Jérusalem; la profanation qu'il ferait de ce lieu saint en y établissant une idole, et la vengeance que Dieu en tirerait? Comment a-t-il pu, dans la première année du règne des Perses, prédire les guerres que se feraient les successeurs d'Alexandre dans les royaumes de Syrie et d'Egypte, leurs invasions mutuelles, leur peu de sincérité dans leurs traités,

* Xerxès.

leurs alliances par des mariages qui ne serviraient qu'à couvrir l'artifice ?

Je laisse au lecteur intelligent et religieux le soin de tirer la conclusion qui suit naturellement de ces prédictions de Daniel, si claires et si précises, que Porphyre, l'ennemi déclaré du christianisme, n'a pu trouver d'autre moyen d'en contester la divinité qu'en prétendant qu'elles avaient été faites après coup, et sur le passé plutôt que sur l'avenir.

Avant que de terminer l'article des prophéties de Daniel, je prie le lecteur de faire attention au contraste que le Saint-Esprit met entre les empires du monde et l'empire de Jésus-Christ. Dans les premiers, tout paraît grand, éclatant, magnifique. La force, la puissance, la gloire, la majesté semblent en être l'apanage. On y reconnaît aisément ces grands guerriers, ces fameux conquérans, ces foudres de guerre, qui portaient partout la terreur, et à qui rien ne résistait. Mais ce sont des bêtes féroces, des ours, des lions, des léopards, qui ne savent que déchirer, que dévorer, que détruire. Quelle image ! quelle peinture ! et combien nous apprend-elle à rabattre de l'idée que nous nous formons ordinairement et des empires et de ceux qui les fondent ou les gouvernent!

C'est tout le contraire dans l'empire de Jésus-Christ. Qu'on en considère l'origine et la naissance, qu'on en étudie avec soin les suites et les progrès dans tous les temps, et l'on reconnaîtra que l'un de ses caractères dominans est au-dehors la petitesse, la faiblesse, et même, s'il est permis de le dire, la bassesse. C'est le levain de la pâte, c'est le grain de sénevé, c'est la petite pierre détachée de la montagne. Et cependant il n'y a de véritable grandeur que dans cet empire : le Verbe éternel en est le fondateur et le roi; tous les trônes de la terre viennent rendre hommage au sien et s'abaisser devant lui. Le but de son règne est de sauver les hommes, de les rendre éternellement heureux, et de se former un peuple de saints et de justes qui soient tous autant de rois et de conquérans. Le monde entier ne subsiste que pour eux; et quand le nombre en sera rempli, « alors, dit saint Paul, viendra la fin et la consommation de toutes choses, lorsque Jésus-Christ aura remis son royaume à son Dieu et à son père, et qu'il aura détruit tout empire, toute domination et toute puissance. »

Un écrivain qui voit dans les prophéties de Daniel que les divers empires du monde, après avoir duré le temps que le souverain arbitre des royaumes leur a fixé, vont tous aboutir et se terminer à l'empire de Jésus-Christ, peut-il s'empêcher, au milieu de tous ces objets profanes qui l'environnent, de tourner les yeux de temps en temps vers ce grand et divin objet, et de l'envisager toujours, au moins en éloignement, comme le but et la fin de tous les autres?

§ III. Il faut revenir à Cyrus. Également aimé de ses sujets naturels et des nations conquises, il jouissait en paix du fruit de ses travaux et de ses victoires. Son empire était terminé à l'orient par l'Inde; au nord par la mer Caspienne et le Pont-Euxin; au conchant par la mer Egée; au midi par l'Éthiopie et la mer d'Arabie. Il établit sa demeure au milieu de tous ces pays, passant ordinairement sept mois à Babylone, pendant l'hiver, parce que le climat y est chaud; trois mois à Suse, pendant le printemps; et deux mois à Ecbatane, durant les grandes chaleurs de l'été.

Sept années s'étant ainsi écoulées, Cyrus

vint en Perse pour la septième fois depuis l'établissement de sa monarchie : ce qui marque qu'il y allait régulièrement une fois chaque année. Cambyse était mort il y avait déja quelque temps, et lui-même était assez vieux, ayant pour lors soixante-dix ans, dont trente s'étaient passés depuis qu'il avait été déclaré général des Perses, neuf depuis la prise de Babylone, et sept depuis qu'il avait commencé à régner seul après la mort de Cyaxare.

Il conserva jusqu'à la fin une santé forte et robuste, qui était le fruit de la vie sage et frugale qu'il avait toujours menée. Et au lieu que ceux qui s'abandonnent à la crapule et aux débauches ressentent souvent toutes les incommodités de la vieillesse, lors même qu'ils sont encore jeunes. Cyrus, dans un âge fort avancé, avait encore toute la vigueur de la jeunesse.

Sentant approcher le jour de sa mort, il fit venir ses enfans, car ils l'avaient suivi dans ce voyage, et assembla les grands de l'empire. Après avoir remercié les dieux de toutes les faveurs qu'ils lui avaient accordées pendant sa vie, et leur avoir demandé une pareille protection pour ses enfans, pour ses amis, pour sa patrie, il déclara Cambyse, son fils aîné, son successeur, et laissa à l'autre, qui s'appelait Tanaoxare, plusieurs gouvernemens fort considérables. Il leur donna à l'un et à l'autre d'excellens avis, en leur faisant entendre que le ferme appui des trônes n'était ni la vaste étendue des pays, ni le grand nombre des troupes, ni les richesses immenses, mais le respect pour les dieux, la bonne intelligence entre les frères, et le soin de se faire et de se conserver de fidèles amis. « Je vous conjure donc, leur dit-il, mes enfans, au nom des dieux, de vous porter respect l'un à l'autre, si vous avez encore quelque envie de me plaire à l'avenir; car je ne pense pas qu'à cause que vous ne me verrez plus après ma mort, vous estimiez que je ne sois plus rien. Vous n'avez pas vu mon ame jusqu'à présent; vous n'avez pas laissé de connaître, par ses actions, qu'elle existait véritablement. Pensez-vous que l'on continuât d'honorer ceux de qui les corps ne sont plus que cendre, si leurs ames n'avaient plus aucune puissance? Non, non, mes enfans, je n'ai jamais pu croire que l'ame vécût tandis qu'elle est dans un corps mortel, et qu'elle mourût lorsqu'elle s'en sépare. Que si je me trompe, et qu'il ne reste plus rien de moi après ma mort, du moins craignez les dieux qui ne meurent point, qui voient tout, et de qui la puissance est infinie ; craignez-les, et que cette crainte vous empêche de rien faire jamais, ni même de rien mettre en délibération qui soit contraire ou à la religion ou à la justice. Après eux, craignez les hommes et les siècles à venir. Les dieux ne vous ont pas cachés dans l'obscurité, mais vous ont exposés sur un grand théâtre à la vue de tout l'univers. Si vos actions sont pures et droites, soyez certains que vous en serez et plus honorés et plus puissans. Pour mon corps, mes enfans, lorsqu'il sera privé de vie, ne l'enfermez ni dans l'or, ni dans l'argent, ni dans quelque autre matière que ce soit. RENDEZ-LE PROMPTEMENT A LA TERRE. Y a-t-il rien de plus heureux que d'être mêlé, et en quelque sorte incorporé à la bienfaitrice et à la mère commune de tous les hommes? » Après avoir donné sa main à baiser à tous ceux qui étaient présens, se sentant défaillir, il prononça encore ces dernières paroles : « Adieu, mes chers enfans; puissiez vous mener une vie heureuse ! portez de ma part ce dernier adieu à votre mère. Et vous, mes fidèles amis, tant absens que présens, recevez mes derniers adieux, et vivez en paix. » Après avoir dit ces paroles, il se couvrit le visage , et mourut également regretté de tous les peuples. [Av. J.-C. 529.]

L'ordre que donne Cyrus en mourant de RENDRE SON CORPS A LA TERRE me paraît bien remarquable. Il regarderait son corps comme avili et dégradé si on le couvrait d'or ou d'argent. Il veut qu'on le RENDE A la terre. Où ce prince païen a-t-il appris qu'il en tirait son origine ? Voilà de ces traces précieuses d'une tradition aussi ancienne que le monde. Cyrus, après avoir fait du bien à ses sujets pendant toute sa vie, demande d'être incorporé à la terre , cette bienfaitrice du genre humain, pour perpétuer ce bien, en quelque sorte, même après sa mort.

Eloge et caractère de Cyrus.

On peut regarder Cyrus comme le conquérant le plus sage et le prince le plus accompli dont il soit parlé dans l'histoire profane. Aucune presque des qualités qui forment les grands hommes ne lui manquait : sagesse, modération, courage, grandeur d'ame, noblesse de sentimens, merveilleuse dextérité pour manier les esprits et gagner les cœurs, profonde connaissance de toutes les parties de l'art militaire autant que son temps le comportait, vaste étendue d'esprit soutenue d'une prudente fermeté pour former et pour exécuter de grands projets.

Il est assez ordinaire à ces héros qui brillent dans les combats et dans les actions guerrières, de paraître très faibles et très médiocres dans d'autres temps, et par rapport à d'autres objets. On est étonné, quand on les voit seuls et sans armées, combien il y a de distance entre un général et un grand homme ; combien, dans le particulier, ils conservent de petitesses et de bas sentimens ; combien ils sont dominés par la jalousie et gouvernés par l'intérêt ; combien ils se rendent désagréables et même odieux par une fierté et une hauteur qu'ils croient nécessaires pour conserver leur autorité, et qui ne servent qu'à leur attirer le mépris !

Cyrus n'avait aucun de ces défauts. Il

paraissait toujours le même, c'est-à-dire toujours grand, jusque dans les plus petites choses. Sûr de sa grandeur, qu'il savait maintenir par un mérite réel, il ne songeait qu'à se rendre affable et d'un facile accès; et le peuple lui rendait dans le fond de son cœur, par des sentimens d'amour et de respect, beaucoup plus qu'il ne quittait pour s'abaisser jusqu'à lui.

Jamais prince ne posséda mieux que lui l'art des insinuations, si nécessaire pour le gouvernement, et si peu pratiqué. Il savait en perfection ce que peut un mot placé à propos, une manière obligeante, une raison-mêlée au commandement, une grace accompagnée d'un éloge, un refus adouci par des termes honnêtes. Son histoire est pleine de ces traits.

Il était riche dans une sorte de bien qui manque à la plupart des souverains, qui ont tout excepté des amis fidèles, et à qui l'abondance et l'éclat qui les environent cachent cette secrète indigence. Cyrus était aimé parce qu'il aimait lui-même; car, quand on n'aime point, a-t-on des amis? et mérite-t-on d'en avoir? Rien n'est plus

beau que de voir dans Xénophon comment
il vivait et conversait avec ses amis, rete-
nant de la dignité avec eux tout ce qui était
nécessaire aux bienséances, mais infiniment
éloigné d'une mauvaise fierté qui prive les
grands du plus innocent plaisir de la vie,
en leur ôtant celui d'un commerce doux et
aimable avec des personnes de mérite,
quoique d'une condition très inférieure.

L'usage qu'il faisait de ses amis est un
modèle parfait pour tous ceux qui sont
dans les premières places. Ils avient reçu
de lui, non-seulement la liberté, mais un
commandement exprès de lui dire tout ce
qu'ils pensaient. Quoique beaucoup supérieur en lumières à tous ses officiers, il
ne faisait rien sans les consulter ; et soit
qu'il s'agît de réformer quelque chose dans
le gouvernement, ou de faire quelque
changement dans les troupes, ou de former quelque entreprise, il voulait que tout
le monde dît son sentiment, et souvent il
en profitait; bien différent de celui dont
Tacite dit, qu'il lui suffisait, pour se déclarer contre les meilleurs avis, qu'ils ne
fussent pas venus de lui.

Cicéron remarque que, pendant tout le

temps de son gouvernement, il ne lui échappa jamais une seule parole de colère et d'emportement. Ce petit mot est un grand éloge pour un prince. Il fallait que Cyrus, au milieu de tant d'agitations, et malgré l'enivrement de la puissance souveraine, fût bien maître de lui-même pour conserver toujours son ame dans une assiette calme et tranquille, sans qu'aucun contre-temps, aucun accident imprévu, aucun mécontentement pût donner atteinte à sa douceur, ni lui arracher aucune parole dure ou offensante.

Mais ce qu'il y avait en lui de plus grand et de plus véritablement royal, c'est l'intime conviction où il était que tous ses soins et toute son attention devaient tendre à rendre les peuples heureux, et que ce n'était point par l'éclat des richesses, par le faste des équipages, par le luxe et les dépenses de la table, qu'un roi devait se distinguer de ses sujets, mais par la supériorité de mérite en tout genre, et surtout par une application infatigable à veiller sur leurs intérêts et à leur procurer le repos et l'abondance. Il disait lui-même, en s'entretenant avec les grands de sa cour sur les devoirs de la royauté, qu'il faut qu'un prince se regarde comme pasteur (et c'est le nom que l'antiquité sacrée et profane donnait aux bons rois), qu'il doit en avoir la vigilance, l'attention, la bonté; veiller, afin que les peuples soient en sûreté; se charger des soins et des inquiétudes, afin qu'ils en soient exempts; choisir tout ce qui leur est salutaire, écarter tout ce qui leur peut nuire, mettre sa joie à les voir croître et multiplier, et s'exposer avec courage pour les défendre. Voilà, disait-il, la juste idée et l'image naturelle d'un bon roi. Il est raisonnable que ses sujets lui rendent tous les services dont il a besoin ; mais il est encore plus raisonnable qu'il s'applique à les rendre heureux, parce que c'est pour cela qu'il est roi, comme un pasteur ne l'est que pour prendre soin de son troupeau.

En effet, c'est la même chose d'être à la république et d'être roi, d'être pour le peuple et d'être souverain. On est né pour les autres dès qu'on est né pour commander, parce qu'on ne leur doit commander que pour leur être utile. C'est le fondement et comme la base de l'état des princes, de n'être point à eux ; c'est le caractère même de leur grandeur, d'être consacrés au bien public. Il en est d'eux comme de la lumière, qui n'est placée dans un lieu éminent que pour se répandre partout. Est-ce dégrader la royauté que d'en penser ainsi ?

Ce fut par le concours de toutes ces vertus que Cyrus vint à bout de fonder en assez peu de temps un empire qui embrassait un si grand nombre de provinces ; qu'il jouit paisiblement pendant plusieurs années du fruit de ses conquêtes ; qu'il sut se faire tellement estimer et aimer, non-seulement de ses sujets naturels, mais de toutes les nations qu'il avait conquises, qu'après sa mort il fut généralement regretté comme le père commun de tous les peuples.

Au reste, nous ne devons pas être étonnés que Cyrus ait été si accompli en tout genre (on comprend assez que je ne parle ici que des vertus païennes), nous qui savons que c'est Dieu lui-même qui l'avait formé pour être l'instrument et l'exécuteur des desseins de miséricorde qu'il avait sur son peuple.

Quand je dis que Dieu a formé lui-même ce prince, je n'entends pas que ç'ait été par un miracle sensible, ni qu'il l'ait tout d'un coup rendu tel que nous l'admirons dans ce que l'histoire nous en apprend. Dieu lui avait donné un heureux naturel en mettant dans son esprit les semences de toutes les plus grandes qualités, et dans son cœur des dispositions aux plus rares vertus. Mais surtout il eut soin qu'on cultivât cet heureux naturel par une excellente éducation, et qu'on le préparât ainsi aux grands desseins qu'il avait sur lui. On peut dire, sans crainte de se tromper, que Cyrus dut ce qu'il y avait de plus grand en lui à la manière dont il fut élevé; qui, le confondant en quelque sorte avec le reste des sujets et le soumettant comme eux à l'autorité des maîtres, amortit en lui cet orgueil si naturel aux princes, lui apprit à écouter les avis et à obéir avant que de commander, l'endurcit au travail et à la fatigue, l'accoutuma à la sobriété et à la frugalité, en un mot, le rendit tel que nous l'avons vu dans toute sa conduite, doux, modeste, honnête, affable, compatissant, ennemi du faste et des délices, et encore plus de la flatterie.

Il faut avouer qu'un tel prince est un des plus précieux presens que le ciel puisse faire à la terre. Les infidèles mêmes l'ont reconnu, et les ténèbres de leur fausse religion n'ont pu leur cacher ces deux vérités : Que Dieu seul donnait les bons rois, et qu'un tel don en enfermait beaucoup d'autres, parce que rien n'est plus excellent que ce qui ressemble le plus parfaitement à Dieu, et que l'image la plus noble de la Divinité est un prince juste, modéré, chaste, réglé dans ses mœurs, et qui ne règne que pour faire régner la vertu. C'est le portrait que Pline nous a laissé de Trajan, qui ressemble bien à celui de Cyrus. *Nullum est præstabilius et pulchrius Dei munus erga mortales, quàm castus, et sanctus, et Deo simillimus princeps.*

Quand j'examine de près la vie de notre héros, il me semble qu'il a manqué à sa gloire un trait qui l'aurait beaucoup relevée ; c'aurait été d'être livré pendant quelque temps à quelque grande disgrace, et d'avoir quelque revers subit de fortune à essuyer. Je sais que l'empereur Galba en adoptant Pison, lui disait que la prospérité a un aiguillon et une pointe infiniment plus perçante que l'adversité, et qui met l'ame à une tout autre épreuve. Et la raison qu'il en apporte, c'est que le malheur accablant l'ame de tout son poids, elle se raidit et rappelle toutes ses forces : au lieu que la prospérité, l'attaquant d'une manière sourde, lui laisse toute sa faiblesse, et lui insinue un poison d'autant plus dangereux qu'il est plus subtil.

Il faut pourtant avouer que l'adversité, quand elle est portée avec dignité et noblesse, et surmontée par une patience invincible, ajoute un grand éclat à la gloire d'un prince, et lui donne lieu de déployer bien des qualités et des vertus qui seraient demeurées ensevelies dans le sein de la prospérité : une grandeur d'ame indépendante de tout ce qui lui est étranger, une constance immobile et à l'épreuve des plus rudes coups, un courage intrépide qui s'anime à la vue du danger, une fécondité de ressources qui naît des contre-temps mêmes, une présence d'esprit qui envisage tout et donne ordre à tout, enfin une fermeté d'ame qui se suffit à elle-même et qui est capable de soutenir les autres.

Cette sorte de gloire a manqué à Cyrus. Il nous apprend lui-même que, pendant tout le cours de sa vie, qui fut assez longue, jamais aucun accident fâcheux n'en troubla la douceur, et que tout lui avait réussi comme il pouvait le souhaiter. Mais il nous apprend en même temps une chose qui est presque incroyable, et qui était en lui la source de cette égalité d'ame et de cette modération qu'on ne pouvait se lasser d'admirer; c'est qu'au milieu d'une prospérité si constante, il conservait toujours au fond du cœur une crainte secrète dans la vue de ce qui pouvait lui arriver, laquelle ne lui permettait point de s'abandonner ni à une fierté insolente, ni même à une joie excessive.

Il me resterait à examiner un point décisif pour la réputation de ce prince, mais que je toucherai que légèrement : c'est la nature de ses victoires et de ses conquêtes; car si elles n'était fondées que sur l'ambition, l'injustice, la violence, Cyrus loin de mériter les louanges qu'on lui donne, ne devait être rangé que parmi ces brigands fameux de l'univers, ces ennemis publics du genre humain, qui ne connaissaient d'autre droit que la force, qui regardaient les règles communes de la justice comme des lois qui n'obligent que les particuliers, et qui aviliraient la majesté royale; qui ne bornaient leurs desseins et leurs prétentions que par l'impuissance d'aller aussi loin que leurs desirs, qui sacrifiaient à leur ambition la vie d'un million d'hommes; qui mettaient leur gloire à tout détruire comme les torrens et les embrasemens; et qui régnaient comme le feraient les ours et les lions, s'ils étaient les maîtres.

Voilà ce que sont dans la vérité la plupart de ces prétendus héros que le siècle admire; et c'est par de telles idées qu'il faut corriger l'impression que les injustes louanges de quelques historiens et le sentiment de plusieurs personnes séduites par l'image d'une fausse grandeur, font sur les esprits.

Je ne sais si ma prévention pour Cyrus m'aveugle, mais il me semble qu'il était d'un caractère tout différent de ceux dont je viens de tracer le portrait; non que je veuille le justifier en tout, ni l'exempter d'ambition, qui sans doute était l'ame de toutes ses entreprises : mais il respectait les lois, et savait qu'il y a des guerres injustes, où celui qui les entreprend mal à propos se rend responsable de tout le sang qui y est répandu : or, une guerre est telle lorsque le prince n'y est porté que par le motif d'étendre ses conquêtes, ou d'acquérir une vaine réputation, ou de se rendre terrible à ses voisins.

Nous avons vu Cyrus, à l'entrée de la guerre, fonder uniquement l'espérance du succès sur la justice de sa cause, et représenter aux soldats, pour les remplir de courage et d'assurance, qu'ils n'étaient point les agresseurs ; que c'était l'ennemi qui les avait attaqués, et qu'ils avaient droit à toute la protection des dieux, qui semblaient eux-mêmes leur avoir mis en main les armes pour marcher à la défense de leurs alliés injustement opprimés. Quand on examine avec quelque soin les conquêtes de Cyrus, on reconnaît qu'elles furent presque toute la suite des victoires remportées contre Crésus, roi de Lydie, qui était maître de la plus grande partie de l'Asie mineure, et contre le roi de Babylone, qui l'était de toute la haute Asie et de beaucoup d'autres contrées, qui tous deux était les agresseurs.

C'est donc avec raison que Cyrus est représenté comme un des plus grands princes qui aient paru dans l'antiquité, et son règne proposé comme le modèle d'un gouvernement parfait, qui ne peut être tel si la justice n'en est la base et le principe : *Cyrus a Xenophonte scriptus ad justi effigiem imperii.*

§ IV. Hérodote et Xénophon, qui conviennent parfaitement dans ce qui peut être considéré comme le fond et l'essentiel de l'histoire de Cyrus, et surtout dans ce qui regarde son expédition contre Babylone et ses autres conquêtes, suivent des routes toutes différentes dans le récit qu'ils font de plusieurs faits très importans, tels que sont la naissance et la mort de ce prince, et l'établissement de l'empire des Perses. Je me crois obligé de donner ici un abrégé de ce qu'en dit Hérodote.

Il raconte, et après lui Justin, qu'Astyage, roi des Mèdes, sur un songe effrayant qui lui annonçait que le fils qui naîtrait de sa fille le détrônerait, donna sa fille Mandane en mariage à un homme de Perse, d'une naissance et d'une condition obscures, nommé *Cambyse*. Un fils étant né de ce mariage, le roi chargea Harpagus, l'un de ses principaux officiers, de le faire mourir. Celui-ci le donna à l'un des bergers du roi pour l'exposer dans une forêt. Mais l'enfant, ayant été sauvé miraculeusement, et nourri en secret par la femme du berger, fut dans la suite reconnu par son grand-père, qui se contenta de le reléguer dans le fond de la Perse, et fit tomber toute sa colère sur le malheureux Harpagus, à qui il donna son propre fils à manger dans un festin. Le jeune Cyrus, plusieurs années après, averti par Harpagus de ce qu'il était, animé et par ses conseils et ses remontrances, leva une armée en Perse, marcha contre Astyage, le défit dans un combat, et fit ainsi passer l'empire des Mèdes aux Perses.

Le même Hérodote fait mourir Cyrus d'une manière peu digne d'un si grand conquérant. Ce prince, selon lui, ayant porté la guerre contre les Scythes, et les ayant attaqués dans un premier combat, fit semblant de prendre la fuite, après avoir laissé dans la campagne une grande quantité dè vin et de viandes. Les Scythes ne manquèrent pas de se jeter dessus. Cyrus revint contre eux, et, les ayant trouvés tous enivrés et endormis, les défit sans peine, et fit un grand nombre de prisonniers, parmi lesquels se trouva le fils de la reine, nommée *Tomyris*, laquelle commandait l'armée. Ce jeune prince, que Cyrus avait refusé de rendre à sa mère, étant revenu de son ivresse, et ne pouvant souffrir de se voir captif, se donna la mort. Tomyris, animée par le desir de la vengeance, présenta un second combat aux Perses, et, les ayant attirés à son tour dans des embûches par une fuite simulée, en tua plus de deux cent mille, avec le roi Cyrus; puis, ayant fait couper la tête de Cyrus, elle la mit dans une outre pleine de sang, en lui insultant par ces paroles : « Cruel que tu es, « rassasie-toi après ta mort du sang dont tu « as eu soif pendant ta vie, et dont tu as « toujours été insatiable. »

Le récit que fait Hérodote des premiers commencemens de Cyrus a bien plus l'air d'une fable que d'une histoire. Pour ce qui regarde sa mort, qu'elle apparence qu'un prince si expérimenté dans la guerre, et

plus recommandable encore par sa prudence que par son courage, eût donné ainsi
dans des embûches qu'une femme lui aurait
préparées? Ce que le même historien rapporte du brusque emportement et de la
puérile vengeance de Cyrus contre un
fleuve où l'un de ses chevaux sacrés s'était
noyé, et qu'il fit couper sur-le-champ par
son armée en trois cent soixante canaux,
combat directement l'idée qu'on a de ce
prince, dont le caractère était la douceur
et la modération. D'ailleurs, est-il vrai-
semblable que Cyrus, marchant à la conquête de Babylone, perdît ainsi un temps
qui lui était si précieux, consumât l'ardeur
de ses troupes dans un travail si inutile, et
manquât l'occasion de surprendre les Babyloniens en s'amusant à faire la guerre à
un fleuve au lieu de la porter contre les ennemis?

Mais ce qui décide sans réplique en faveur de Xénophon, est la conformité de
son récit avec l'Écriture sainte, où l'on
voit que, bien loin que Cyrus eût élevé
l'empire des Perses sur la ruine de celui des
Mèdes, comme le marque Hérodote, ces
deux peuples, de concert, attaquèrent Ba-

bylone, et joignirent leurs forces pour abattre cette redoutable puissance.

D'où peut donc venir une si grande différence entre ces deux historiens? Hérodote nous l'explique. Dans l'endroit même où il rapporte la naissance de Cyrus, et dans celui où il parle de sa mort, il avertit que dès lors il y avait différentes manières de raconter ces deux grands évènemens. Hérodote a suivi celle qui était de son goût, et l'on voit qu'il aimait les choses extraordinaires et merveilleuses, et qu'il y ajoutait foi très facilement. Xénophon était plus sérieux et moins crédule; et il nous avertit dès le commencement de cette histoire qu'il s'était informé avec grand soin de la naissance de Cyrus, de son caractère et de son éducation.

CHAPITRE II.

HISTOIRE DE CAMBYSE.

[Av. J.-C. 529.] Dès que Cambyse fut monté sur le trône, il songea à porter la guerre en Egypte, pour une injure particulière qu'il prétendait, selon Hérodote, avoir reçue d'Amasis. Il y a plus d'apparence qu'Amasis, qui s'était soumis à Cyrus, et qui était devenu son tributaire, n'ayant pas voulu, après sa mort, rendre les mêmes devoirs à son successeur, et s'étant soustrait à son obéissance, s'attira par là cette guerre.

Cambyse, pour la pousser avec succès, fit de grands préparatifs tant par mer que par terre. Il engagea les Cypriotes et les Phéniciens à l'assister de leurs vaisseaux. Pour son armée de terre, il joignit à ses propres troupes un grand nombre de Grecs, d'Ioniens et d'Eoliens, qui en faisaient la principale force. Mais nul ne lui fut d'un plus grand secours dans cette guerre que Phanès d'Halicarnasse, qui, étant chef de quelques Grecs auxiliaires qui étaient au service d'Amasis, se jeta, pour quelque mécontentement qu'il reçut de ce prince, dans le parti de Cambyse, et lui donna, touchant la nature du pays, les forces de l'ennemi et l'état de ses affaires, toutes les lumières dont il avait besoin pour réussir dans cette expédition. Ce fut en particulier par son avis qu'il engagea un roi arabe, dont les terres confinaient à la Palestine et à l'Egypte, à fournir de l'eau à son armée pendant qu'elle traverserait le désert qui était entre ces deux pays; ce que ce prince exécuta en lui faisant porter cette eau sur le dos des chameaux, sans quoi Cambyse n'eût pu passer avec son armée par ce chemin.

Ayant fait ces préparatifs, il attaqua l'Egypte la quatrième année de son règne. Lorsqu'il fut arrivé sur la frontière, il apprit qu'Amasis venait de mourir, et que Psamménite son fils, qui lui avait succédé, était occupé à ramasser toutes ses forces pour l'empêcher de pénétrer dans son royaume. Il ne pouvait s'en ouvrir l'entrée qu'en se rendant maître de Peluse, qui était la clé de l'Egypte de ce côté-là; mais cette place était si forte, qu'elle devait, selon toutes les apparences, l'arrêter long-temps. Pour s'en faciliter la prise, il s'avisa de ce stratagème, s'il en faut croire Polyène. Ayant appris que toute la garnison était composée d'Egyptiens, dans un assaut qu'il donna à la ville, il mit au premier rang un grand nombre de chats, de chiens, de brebis, et d'autres animaux que les Egyptiens tenaient pour sacrés. Ainsi, les soldats n'osant lancer aucun trait ni tirer aucune flèche de ce côté-là, de peur de percer quelqu'un de ces animaux, Cambyse se rendit maître de la place sans aucune opposition.

Dans le temps que Cambyse venait de se rendre maître de cette ville, Psamménite s'avança avec une grande armée pour arrêter ses progrès. Il y eut entre eux un grand combat. Mais avant que d'en venir aux mains, des Grecs qui étaient dans l'armée de Psamménite, pour se venger de la révolte de Phanès, prirent ses enfans, qu'il avait été obligé de laisser en Egypte lorsqu'il s'enfuit, et, à la vue des deux camps, les égorgèrent et en burent le sang. Cette cruauté énorme ne leur procura pas la victoire. Les Perses irrités de cet horrible spectacle, tombèrent sur eux avec tant de furie, qu'ils eurent bientôt renversé et mis en déroute toute l'armée égyptienne, dont ils tuèrent la plus grande partie : ce qui en resta se sauva à Memphis.

A l'occasion de ce combat, Hérodote rapporte une chose dont il avait été témoin. Les os des Perses et des Egyptiens étaient encore dans le lieu où s'était donnée la bataille, mais séparés les uns des autres. Les crânes des Egyptiens étaient si durs, qu'on avait bien de la peine à les briser à grands coups de pierres; et ceux des Perses si mous, qu'on les perçait avec la dernière facilité. La raison de cette différence était que les Egyptiens, dès le plus bas âge, allaient la tête nue et rasée, au lieu que les Perses l'ont toujours couverte de leurs tiares, qui est un de leurs grands ornemens.

Cambyse, ayant poursuivi les fuyards jusqu'à Memphis, envoya à la ville par le Nil, sur lequel elle était située, un vaisseau de Mytilène avec un héraut, pour sommer les habitans de se rendre. Mais le peuple, transporté de fureur, se jeta sur ce héraut et le mit en pièces, aussi bien que tous ceux qui étaient avec lui. Cambyse, s'étant en peu de temps rendu maître de la place, tira une pleine vengeance de cet attentat, faisant exécuter publiquement dix fois autant d'Egyptiens de la plus haute noblesse qu'il y avait eu de personnes massacrées dans le vaisseau. De ce nombre fut le fils aîné de Psamménite. Et pour Psamménite lui-même, Cambyse se trouva porté à le traiter avec douceur. Non content de lui avoir sauvé la vie, il lui assigna un entretien honorable. Mais le monarque égyptien, peu touché d'une telle bonté, se mit à exciter de nouveaux troubles pour recouvrer son royaume en punition de quoi on lui fit boire du sang de taureau, dont il mourut à l'heure même. Son règne ne fut que de six mois. Toute l'Egypte s'était soumise au vainqueur. Les Libyens, les Cyrénéens et les Barcéens, à la nouvelle de ces succès, envoyèrent à Cambyse des ambassadeurs avec des présens pour lui faire leurs soumissions.

De Memphis il alla à la ville de Saïs, qui était le lieu de la sépulture des rois d'Egypte. Dès qu'il fut entré dans le palais, il fit tirer le corps d'Amasis de son tombeau; et après l'avoir exposé à mille indignités en sa présence, il ordonna qu'on le jetât dans le feu et qu'on le brûlât; ce qui était également contraire aux coutumes des Perses et des Egyptiens. La rage que ce prince témoigna contre le cadavre d'Amasis fait voir jusqu'à quel point il haïssait sa personne. Quelle que fût la cause de cette aversion, il paraît que c'est ce qui l'avait surtout obligé de porter ses armes en Egypte.

L'année suivante, qui était la sixième de son règne, il résolut de faire la guerre en trois différens endroits : contre les Carthaginois, contre les Ammoniens et contre les Éthiopiens. Il fut obligé d'abandonner le premier de ces projets, parce que les Phéniciens, sans le secours desquels il ne pouvait pousser cette guerre, refusèrent de l'assister contre les Carthaginois, qui descendaient d'eux, Carthage étant une colonnie de Tyr.

Déterminé à attaquer les deux autres peuples, il envoya des ambassadeurs en Éthiopie, qui, sous ce nom, devaient lui servir d'espions pour s'informer de l'état et de la force du pays, et lui en donner connaissance. Ils portaient avec eux des présens, tels que les Perses ont coutume d'en donner, de la pourpre, des bracelets d'or, des compositions de parfums et du vin. Les Éthiopiens se moquèrent de ces présens, où ils ne voyaient rien d'utile pour la vie, à l'exception du vin ; et ils ne firent pas plus de cas de ces ambassadeurs, qu'ils prirent pour ce qu'ils étaient, c'est-à-dire pour des espions. Mais leur roi voulut aussi faire un présent à sa mode au roi de Perse; et, prenant en main un arc qu'un Perse eût à peine soutenu, loin de le pouvoir tirer, il le banda en présence des ambassadeurs, et leur dit « Voici le « conseil que le roi d'Ethiopie donne au roi « de Perse. Quand les Perses se pourront « servir aussi aisément que je viens de faire « d'un arc de cette force, qu'ils viennent « attaquer les Ethiopiens, et qu'ils amè- « nent plus de troupes que n'en a Cambyse. « En attendant, qu'ils rendent graces aux « dieux, qui n'ont pas mis dans le cœur des « Ethiopiens le desir de s'étendre hors de « leur pays. »

Cette réponse ayant mis Cambyse en fureur, il commanda à son armée de se mettre en marche sur-le-champ, sans considérer qu'il n'avait ni provisions, ni aucune des choses nécessaires pour cette expédition; il laissa seulement les Grecs dans sa nouvelle conquête, pour la tenir en respect pendant son absence.

Quand il fut arrivé à Thèbes dans la haute Egypte, il détacha cinquante mille hommes contre les Ammoniens, avec ordre de ravager leur pays, et de détruire le temple de Jupiter-Ammon qui y était situé :

mais après plusieurs journées de marche dans le désert, un vent violent étant venu à souffler du côté du midi, entraîna une si grande quantité de sable sur cette armée, qu'elle en fut toute couverte et y demeura ensevelie.

Cependant Cambyse marchait en furieux contre les Éthiopiens, quoiqu'il manquât de toutes sortes de provisions. Aussi une cruelle famine se fit bientôt sentir à toute l'armée. Il était encore temps, dit Hérodote, de remédier à ce mal; mais Cambyse aurait cru se déshonorer s'il avait renoncé à son entreprise, et il poussa sa pointe. Il fallut d'abord vivre d'herbes, de racines, de feuilles d'arbres : puis, se trouvant dans un pays entièrement stérile, ils furent réduits à manger des bêtes de charge. Enfin ils en vinrent à cette affreuse extrémité de se manger les uns les autres, celui que le sort faisait venir le dixième servant de nourriture à ses compagnons; nourriture, dit Sénèque, plus triste que la plus dure famine. Le roi persistait toujours dans son dessein, ou plutôt dans sa fureur, sans que la perte de ses troupes lui ouvrît les yeux : mais enfin, commençant à craindre pour lui-même, il donna ordre qu'on retournât. Dans une telle désolation (qui le croirait?) on ne rebattit rien de la délicatesse des mets du prince, et les chameaux marchaient chargés de tout ce qu'il faut pour couvrir une table somptueuse : *Servabantur illi interim generosæ aves, et instrumenta epularum camelis vehebantur, quum sortirentur milites ejus quis male periret, quis prejus viveret.*

Il ramena à Thèbes son armée, dont il avait perdu la plus grande partie dans son expédition. Il réussit mieux dans la guerre qu'il déclara ici aux dieux, plus faciles à vaincre que les hommes. Thèbes était remplie de temples d'une magnificence et d'une richesse incroyables. Il les pilla tous, puis y fit mettre le feu. Il fallait que l'opulence en fût bien grande, puisque les restes seuls sauvés de l'incendie montaient à des sommes immenses : trois cents talents d'or qui font neuf millions, et deux mille trois cents talents d'argent, qui font près de sept millions. Il enleva aussi pour lors ce fameux cercle d'or qui environnait le tombeau du roi Osimandias, lequel avait trois cent soixante-cinq coudées de circuit, et représentait tous les mouvemens des différentes constellations.

Lorsque Cambyse fut arrivé à Memphis, il congédia les Grecs et les renvoya dans leur pays. Mais, ayant trouvé à son retour toute la ville en joie, il fut transporté de fureur, s'imaginant qu'on se réjouissait en Egypte du mauvais succès de ses entreprises. Il manda les magistrats pour savoir la raison de ces réjouissances; et les magistrats lui ayant dit que c'était parce qu'ils avaient enfin trouvé leur dieu Apis, il ne voulut pas les en croire, mais les fit tous mourir comme des imposteurs qui cherchaient à lui insulter. Il fit venir ensuite les prêtres, qui lui firent la même réponse. Il leur répliqua que, puisque leur dieu était si bon et si familier que de se faire voir à eux, il voulait faire connaissance avec lui et commanda qu'on le lui amenât. Il fut bien étonné, au lieu d'un dieu, de voir un veau; et entrant de nouveau en fureur, il tira son poignard et le lui enfonça dans la cuisse. Après quoi, ayant reproché aux prêtres leur stupidité, il les fit cruellement fustiger, et ordonna qu'on tuât tous les Egyptiens qu'on rencontrerait célébrant la fête d'Apis. Le dieu fut remené au temple, où, après avoir quelque temps langui de sa blessure, il mourut.

Si on en croit les Egyptiens, Cambyse, après cette action, la plus énorme impiété, selon eux, qui eût été commise dans leur pays, devint frénétique. Mais sa conduite précédente fait voir qu'il l'était déja auparavant; et il continua à en donner diverses preuves, dont nous rapporterons quelques-uns.

Il avait un frère, le seul fils qu'eût eu Cyrus avec lui, et né de la même mère. Son nom était *Tanaoxare*, selon Xénophon, Hérodote l'appelle *Smerdis*, et Justin, *Mergis*. Mais comme il était le seul d'entre les Perses qui vint à bout de bander à deux doigts près, l'arc qu'on avait apporté d'Ethiopie, le roi en conçut une telle jalousie contre son frère, qu'il ne put plus le souffrir dans son armée, et le renvoya en Perse. Ayant même peu de temps après, songé une nuit qu'un courrier venait lui apprendre que Smerdis était assis sur le trône, il soupçonna son frère de penser à la royauté, et il envoya en Perse Prexaspe, l'un des principaux confidens, avec ordre de le faire mourir : ce qui fut exécuté.

Ce premier meurtre donna lieu à un second encore plus criminel. Il avait avec lui, dans le camp, Méroé, la plus jeune de ses sœurs. Hérodote nous apprend la manière étrange dont elle était aussi devenue sa femme. Comme cette princesse était d'une extrême beauté, Cambyse résolut absolument de l'avoir pour épouse. Il manda pour cet effet les juges de son royaume, dont l'office était d'interpréter les lois du pays, pour savoir d'eux s'il n'y avait pas quelque loi qui permît au frère d'épouser sa sœur. Les juges, ne pouvant d'un côté se résoudre à autoriser directement ce mariage incestueux, craignant de l'autre l'humeur violente de ce prince s'ils osaient le contredire, cherchèrent un milieu et un tempérament. Ils répondirent qu'ils ne trouvaient point de loi qui permît au frère d'épouser sa sœur, mais qu'il y en avait une qui permettait aux rois de Perse de faire tout ce qu'ils voulaient. Cette réponse accommodant Cambyse autant qu'une approbation directe, il épousa solennellement sa sœur, et par là il donna le premier l'exemple de ces incestes, qui fut suivi de la plupart de ces successeurs, quelque contraire qu'il soit à la pudeur et au bon ordre. Il mena cette princesse avec lui dans toutes ses expéditions, et il donna son nom (Méroé) à cette île du Nil qui est entre l'Egypte et d'Ethiopie, jusqu'où il s'était avancé dans sa folle marche contre les Ethiopiens. Voici donc ce qui donna occasion à la mort de cette princesse : Cambyse un jour se divertissait à voir le combat d'un jeune lion et d'un jeune chien. Celui-ci ayant du dessous, un autre chien son frère vint à son secours, et le rendit vainqueur. Cette aventure réjouit fort Cambyse, mais arracha des larmes à Méroé, qui, étant obligée d'en dire la raison, avoua que ce combat lui avait rappelé le souvenir de son frère Smerdis, qui n'avait pas été aussi heureux que ce petit chien. Il n'en fallut pas davantage pour exciter la fureur de ce brutal prince. Sa sœur était enceinte; il lui donna un coup de pied dans le ventre, dont elle mourut. Un mariage si abominable ne méritait pas une meilleure fin.

Il n'y avait point de jour qu'il ne sacri-

liât quelqu'un des seigneurs de sa cour à son
humeur féroce. Il avait obligé Prexaspe
l'un de ses principaux officiers, et son
homme de confiance, de lui déclarer ce
que les Perses pensaient et disaient de lui.
« Ils admirent en vous, seigneur, répon-
« dit Prexaspe, beaucoup d'excellentes
« qualités, mais ils sont un peu blessés de
« votre penchant excessif pour le vin. —
« J'entends, dit le roi; c'est-à-dire qu'ils
« prétendent que le vin me fait perdre la
« raison. Vous en jugerez tout à l'heure. »
Il se mit à boire, et de plus grands coups,
et en plus grand nombre qu'il eut jamais
fait. Après quoi il ordonna au fils de
Prexaspe, qui était son grand échanson,
de se tenir droit au bout de la salle, la main
gauche sur la tête. Prenant alors son arc,
et le bandant contre lui, il déclara qu'il en
voulait à son cœur, et le perça en effet.
Puis, après lui avoir fait ouvrir le côté,
montrant à Prexaspe le cœur de son fils
percé de la flèche : *Ai-je la main bien sûre ?*
dit-il d'un ton moqueur et triomphant. Ce
malheux père, à qui, après un tel coup,
il ne devait rester ni voix ni vie, eut la lâ-
cheté de lui répondre : *Apollon lui-même*

ne tirerait pas plus juste. Sénèque, qui a copié ce récit d'après Hérodote, après avoir détesté la barbare cruauté du prince, condamne encore plus fortement la lâche et monstrueuse flatterie du père : *Sceleratius telum illud laudatum est quam missum*.

Crésus ayant entrepris de lui dire son avis sur cette étrange conduite qui révoltait tout le monde, et lui ayant représenté les fâcheux inconvéniens, il ordonna qu'on le fît mourir. Ceux à qui il en donna l'ordre, prévoyant qu'il ne serait pas long-temps sans s'en repentir, en suspendirent l'exécution. Quelque temps après, en effet, comme il regrettait Crésus, ses gens lui dirent qu'il était encore en vie, de quoi il témoigna beaucoup de joie ; il ne laissa pas néanmoins de faire mourir ceux qui l'avaient épargné, pour n'avoir pas exécuté ses ordres.

C'est à peu près dans ce temps-ci qu'Orétès, l'un des satrapes de Cambyse, et qui commandait pour lui à Sardes, fit mourir d'une manière bien étrange Polycrate, tyran de Samos. L'histoire de ce dernier est assez singulière pour mériter d'être rapportée ici.

Ce Polycrate était un prince à qui, pendant le cours de sa vie, toutes choses avaient toujours réussi à souhait, et dont le bonheur n'avait jamais été troublé par aucune adversité, ni par aucun accident fâcheux. Amasis, roi d'Egypte, son ami et son allié, crut devoir lui écrire à ce sujet. Il lui avoua que son état l'effrayait; qu'une prospérité si longue et si constante devait lui être suspecte; que la divinité maligne et envieuse, qui voit d'un œil jaloux la fortune des hommes, ne manquerait pas, tôt ou tard, de renverser la sienne; que, pour éviter ces coups mortels, il lui conseillait de se procurer à lui-même quelque malheur, en faisant volontairement quelque perte, à laquelle il jugeât qu'il serait fort sensible.

Le tyran le crut. Il avait à son anneau une émeraude dont il faisait un cas infini, surtout à cause de l'habileté et de la réputation de l'ouvrir qui l'avait gravée. En se promenant sur sa galère avec ses courtisans, il jeta son anneau dans la mer sans qu'on s'en aperçut. Quelques jours après, des pêcheurs ayant pris un poisson d'une grosseur extraordinaire, en firent présent à

Polycrate. Quand on l'eût ouvert, on y
trouva l'anneau du roi : sa surprise fut ex-
trème et sa joie encore plus grande.

Amasis, ayant appris ce qui était arrivé
pensa bien différemment. Il écrivit à Polycrate que, pour ne point avoir la douleur de voir un ami et un allié tomber dan
quelque grand désastre, il renonçait dè
lors à son amitié et à son alliance : senti
timent assez bizarre, comme si l'amitié n'é
tait qu'un nom et qu'un titre, sans fond
et sans réalité !

Quoi qu'il en soit, la chose arriva comm
l'Egyptien l'avait prévu. Quelques année
après, vers le temps environ où Cambys
tomba malade, Orétès qui commandait
Sardes pour le roi, ne pouvant soutenir l
reproche qu'un autre satrape, dans un
querelle particulière, lui fit de n'avoir p
encore subjuguer l'île de Samos, qui étai
tout près de son gouvernement et si for
à la bienséance de son maître, résolut
pour s'emparer de l'île, de se défaire d
Polycrate, à quelque prix que ce fût. Voic
comme il s'y prit. Il lui écrivit que, sur les
avis certains qu'il avait reçus que Cambys
voulait le faire assassiner, il songeait à se

retirer dans ses états, et à y mettre ses trésors en sûreté : et son dessein était, disait-il, de confier ce précieux dépôt à la bonne foi de Polycrate, lui en laissant pourtant la moitié en propre, qui lui servirait à conquérir l'Ionie et les îles voisines, qu'il avait en vue depuis long-temps. Il savait que le tyran aimait fort l'argent et qu'il desirait avec passion d'augmenter son domaine : il le prit par ce double appât, en piquant par la même offre et son avarice et son ambition. Polycrate, pour ne point s'engager témérairement dans une affaire de cette importance, crut devoir s'assurer par lui-même de la vérité des faits, et il envoya dans cette vue un député sur les lieux. Orétès avait fait remplir de pierres huit coffres presque jusqu'aux bords et y avait mis par-dessus un lit de pièces de monnaie d'or : ils étaient emballés et tout prêts à être embarqués. Le député du tyran arrive, et l'on ouvre les coffres, qu'il crut remplis d'or. Aussitôt après le retour du député, Polycrate, impatient d'aller saisir sa proie, partit pour Sardes, malgré l'opposition de tous ses amis. Il mena avec lui Démocède, célèbre médecin de

Crotone. A peine fut-il arrivé, qu'Orétès le fit arrêter comme ennemi de l'état, et en cette qualité le fit attacher à une potence, terminant par ce honteux supplice une vie qui n'avait été qu'une suite de bonheur et de prospérités.

Cambyse, au commencement de la huitième année de son régue, quitta l'Egypte pour retourner en Perse. A son arrivée en Syrie, il y trouva un héraut qui avait été dépêché de Suse à l'armée pour lui déclarer que Smerdis, fils de Cyrus, avait été proclamé roi, et pour ordonner à tout le monde de lui obéir. Voici ce qui avait donné lieu à cet évènement; Cambyse, à son départ de Suse pour son expédition d'Egypte, avait laissé l'administration des affaires pendant son absence entre les mains de Patisithe, l'un des chefs des mages. Ce Patisithe avait un frère qui ressemblait beaucoup à Smerdis, fils de Cyrus, et qui, peut-être pour cette raison, était appelé du même nom. Dès qu'il eut été pleinement instruit de la mort de ce prince, qu'on avait cachée à la plupart des autres, et qu'il eut appris que les fureurs de Cambyse en était venues à un point qu'il n'y avait plus moyen de le souffrir, il mit son propre frère sur le trône, faisant courir le bruit que c'était le véritable Smerdis, fils de Cyrus; et sans différer il envoya des hérauts par tout l'empire, pour en donner connaissance et ordonner à tout le monde de lui obéir.

Cambyse fit arrêter celui qui était venu porter cet ordre en Syrie, et l'ayant examiné avec soin en présence de Prexaspe, qu'il avait chargé de tuer son frère, il trouva que le vrai Smerdis était certainement mort et que celui qui avait envahi le trône n'était autre que Smerdis le mage. Là-dessus il se mit à faire de grandes lamentations de ce que, sur la foi d'un songe, et trompé par la conformité du nom, il s'était porté à faire mourir son frère; et sur-le-champ il donna ordre à ses troupes de se mettre en marche pour aller exterminer l'usurpateur. Mais lorsqu'il montait à cheval pour cette expédition, son épée étant tombée du fourreau, lui fit une blessure à la cuisse, dont il mourut peu de temps après. Les Égyptiens, remarquant qu'il avait été blessé au même endroit où il avait blessé leur dieu Apis,

ne manquèrent pas d'attribuer cet acciden
à une juste punition du ciel, qui vengeai
ainsi l'impiété sacrilège de Cambyse.

Pendant qu'il était en Égypte, s'étan
avisé de consulter l'oracle de Buto, qu
était fameux dans ce pays-là, il en eu
pour réponse qu'il mourrait à Ecbatane
ce qu'ayant entendu d'Ecbatane de Médie
il résolut de n'aller jamais dans cette ville.
Mais ce qu'il croyait eviter dans la Médie
il le trouva dans la Syrie; car la ville où
cette blessure l'obligea de s'arrêter portait
le même nom, et s'appelait Ecbatane. Il
ne l'eut pas plus tôt appris, que, tenant
pour certain que c'était le lieu où il devait
mourir, il manda tous les principaux
Perses; et leur ayant représenté le véritable état des choses, et que c'était Smerdis le mage qui avait occupé le trône, il
les exhorta fortement à ne point se sou-
mettre à cet imposteur, et à ne point permettre par là que la souveraineté passât
des Perses aux Mèdes, car le mage était
de Médie; mais à faire tous leurs efforts
pour se donner un roi de leur nation. Les
Perses, croyant que tout ce qu'il en disait
n'était que par haine contre son frère, n'y

eurent aucun égard; et lorsqu'il fut mort, ils se soumirent tranquillement à celui qui était sur le trône, supposant que c'était le véritable Smerdis.

Cambyse avait régné sept ans et cinq mois. Il est appelé dans l'Écriture Assuérus. Dès qu'il fut sur le trône, les ennemis des Juifs s'adressèrent à lui directement pour empêcher la construction du temple : ce ne fut pas en vain. Il ne révoqua pas à la vérité ouvertement l'édit de Cyrus son père, peut-être par un reste de respect pour sa mémoire, mais il en rendit inutile la fin, en grande partie, par les divers découragemens qu'il donna aux Juifs ; en sorte que l'ouvrage n'avança que fort lentement pendant son règne.

CHAPITRE III.

HISTOIRE DE SMERDIS LE MAGE.

[Av. J. C. 522.] L'écriture lui donne le nom d'Artaxerxe. Il ne régna que sept mois, ou peu de chose plus. Dès que, par la mort de Cambyse, il fut affermi sur le trône, les Samaritains lui écrivirent une lettre contre les Juifs, qu'ils lui représentaient comme un peuple remuant, séditieux et toujours prêt à se révolter. Ils en obtinrent un ordre qui portait défense aux juifs de pousser plus loin la construction de leur ville et de leur temple. L'ouvrage demeura suspendu jusqu'à la seconde année de Darius, environ l'espace de deux ans.

Le mage, qui sentait bien de quelle importance il était pour lui qu'on ne pût découvrir son imposture, affecta, dès le commencement de son règne, de ne se point montrer en public, de se tenir enfermé dans le fond de son palais, de traiter toutes les affaires par l'entremise de quelques eunuques, et de ne laisser approcher de sa personne que ses plus intimes confidens.

Pour mieux s'affermir encore sur le trône qu'il avait usurpé, il s'appliqua, dès les premiers jours de son règne, à gagner l'affection de ses sujets, en leur accordant une exemption de taxes et de tout service militaire pendant trois ans ; et il les combla de tant de graces, que sa mort fut pleurée de tous les peuples d'Asie, excepté les Perses, dans la révolution qui arriva bientôt après.

Mais les précautions mêmes qu'il prenait pour dérober la connaissance de son
état aux grands de la cour et au peuple
faisaient soupçonner de plus en plus qu'il
n'était pas le véritable Smerdis. Il avait
épousé toutes les femmes de son prédé-
cesseur, entre autres Atosse, qui était fille
de Cyrus, et Phédime: celle-ci était fille
d'Otanes, l'un des plus grands seigneurs
de Perse. Son père lui envoya demander
par un homme bien sûr si le roi était le
véritable Smerdis, ou quelque autre. Elle
répondit que n'ayant jamais vu Smerdis,
fils de Cyrus, elle ne pouvait dire ce qui
en était. Otanes, ne se contentant pas de
cette réponse, lui envoya dire de s'informer
d'Atosse, à qui son propre frère devait
être connu, si c'était lui ou non. Elle répondit que le roi, quel qu'il fût, du
premier jour qu'il était monté sur le trône,
avait distribué ses femmes dans des appartemens séparés, afin qu'elles ne pussent
avoir entre elles aucune communication,
et qu'ainsi elle ne pouvait approcher d'A-
tosse pour savoir d'elle ce qu'il souhaitait.
Il lui renvoya dire que, pour s'en éclair-
cir, lorsque Smerdis serait avec elle la

nuit, et qu'il dormirait d'un profond sommeil, elle examinât adroitement s'il avait
des oreilles. Cyrus les avait fait autrefois
couper au mage pour de certains crimes
dont il avait été convaincu. Il fit entendre
à sa fille qu'en cas que ce fût lui, il n'é-
tait digne ni d'elle, ni de la couronne.
Phédime promit que, quand son jour vien-
drait, elle exécuterait les ordres de son
père, à quelque danger qu'ils l'exposas-
sent. En effet, elle profita de la première
occasion pour faire cette épreuve, et ayant
trouvé que celui avec qui elle couchait
n'avait point d'oreilles, elle en avertit son
père; et la fraude fut ainsi sûrement dé-
couverte et constatée.

Otanes sur-le-champ forma une conspiration avec cinq des plus grands seigneurs persans; et Darius, illustre seigneur
persan, dont le père, Hytaspe, était gouverneur de la Perse, étant survenu fort à
propos dans le moment même, fut associé
aux autres, et pressa fort l'exécution. L'affaire fut conduite avec un grand secret, et
fixée au jour même, de peur qu'elle ne
s'éventât.

Pendant qu'ils délibéraient ainsi entre

eux, un évènement auquel on ne pouvait pas s'attendre déconcerta étrangement les mages. Pour détourner tout soupçon, ils avaient proposé à Prexaspe de déclarer devant le peuple, qu'ils feraient assembler pour cet effet, que le roi était véritablement Smerdis, fils de Cyrus; et il l'avait promis. Ce jour-là même, le peuple fut assemblé. Prexaspe parla du haut d'une tour; et, au grand étonnement de tous les assistans, il déclara avec une entière sincérité tout ce qui s'était passé; qu'il avait tué de sa propre main Smerdis par l'ordre de Cambyse son frère; que celui qui occupait le trône était le mage; qu'il demandait pardon aux dieux et aux hommes du crime qu'il avait commis malgré lui et par la nécessité. Après avoir ainsi parlé, il se jeta du haut de la tour la tête en bas, et se tua. Il est aisé de juger quel trouble cette nouvelle répandit dans le palais.

Les conjurés, qui ne savaient rien de ce qui venait d'arriver, y entrèrent sans qu'on soupçonnât rien d'eux. Comme c'étaient les plus grands seigneurs de la cour, la première garde ne songea pas même à leur demander à qui ils en voulaient. Mais

quand ils furent près de l'appartement du
roi, et que les officiers firent mine de leur
en refuser l'entrée, alors tirant leurs sabres
ils firent main basse sur tout ce qui se pré
senta à eux. Smerdis le mage et son frère
qui délibéraient ensemble sur ce qui venai
d'arriver, ayant entendu du bruit, priren
leurs armes pour se défendre, et blessèren
quelques uns des conjurés. L'un des deux
frères fut tué sur-le-champ ; l'autre
s'étant sauvé dans une chambre plus reculée, y fut poursuivi par Gobryas et Darius. Le premier, l'ayant saisi par le
corps, le tenait serré fortement entre se
bras. Comme ils étaient dans les ténèbres
Darius n'osait lui porter de coup, de peur
de tuer l'autre en même temps. Gobrias
sachant son embarras, l'obligea de passer
son épée à travers le corps du mage, dût-
il les percer tous deux ensemble ; mais il
le fit avec tant d'adresse et de bonheur
que le mage seul fut tué.

Dans le moment même, les mains encore ensanglantées, ils sortirent du palais
parurent en public, exposèrent aux yeux
du peuple la tête du faux Smerdis et celle
de son frère Patisithe, et découvrirent

toute l'imposture. Le peuple en fut si transporté de fureur, qu'il se jeta sur tous ceux qui étaient de la secte de l'usurpateur, et en massacra autant qu'il en put rencontrer. Pour cette raison, le jour où cette exécution fut faite, devint dans la suite une fête annuelle chez les Perses, qui la solennisaient avec grande joie. Elle fut appelée le massacre des mages. Aucun d'eux, ce jour-là, n'osait paraître en public.

Quand le tumulte et le trouble, inséparables d'un tel évènement, furent apaisés, les seigneurs qui avaient fait périr l'usurpateur tinrent conseil, et délibérèrent ensemble sur la forme de gouvernement qu'il était à propos d'établir. Otanes parla le premier, et commença par se déclarer contre la monarchie, dont il exagéra avec force les dangers et les inconvéniens, tels, selon lui, surtout à cause du pouvoir absolu et sans bornes qui y est attaché, que le plus homme de bien ne peut pas tenir contre, et en est presque infailliblement renversé. Il conclut à remettre l'autorité entre les mains du peuple. Mégabyse, qui opina le second, adoptant tout ce que le premier avait dit contre l'état monarchique, réfuta ce qui regardait le gouvernement populaire. Il représenta le peuple comme un animal violent, féroce, indomptable, qui n'agit que par caprice et par passion. Encore un roi, disait-il, sait ce qu'il fait, mais le peuble ne connaît rien ; n'écoute rien, et se livre aveuglement à ceux qui ont su se rendre maîtres de son esprit. Il se rabattit donc à l'aristocratie, où un petit nombre d'hommes sages et expérimentés ont tout le pouvoir. Darius parla le troisième, et montra les inconvéniens de l'aristocratie, appelée autrement l'oligarchie, où règnent l'envie, la défiance, la discorde, le desir de l'emporter sur les autres, sources naturelles des factions, des séditions, des meurtres, auxquels, pour l'ordinaire, on ne trouve de remède qu'en se soumettant à l'autorité d'un seul, ce qu'on appelle monarchie, qui, de tous les gouvernemens, est le plus louable, le plus sûr, le plus avantageux, rien n'étant comparable au bien que peut faire dans un état un bon prince, dont le pouvoir égale la bonne volonté.

« Enfin, dit-il, pour terminer la question « par un fait qui me paraît décisif et sans

« réplique, à quelle sorte de gouvernement
« l'empire des Perses doit-il la grandeur où
« nous le voyons? n'est-ce pas à celle que je
« propose? » Tous les autres seigneurs se
rangèrent de l'avis de Darius, et il fut
arrêté que la monarchie serait continuée
sur le même pied que Cyrus l'avait établie.

Il ne s'agit plus que de savoir qui d'entre eux serait roi, et de déterminer la
manière dont on procéderait à cette élection: ils crurent devoir s'en rapporter au
choix des dieux. Pour cela on convint
que le lendemain ils se trouveraient à
cheval au lever du soleil dans un certain
endroit du faubourg de la ville qui fut
marqué, et que celui-là serait roi dont le
cheval hennirait le premier; car, le soleil
étant la grande divinité des Perses, ils
pensèrent que de prendre cette voie, ce
serait lui déférer l'honneur de l'élection.
L'écuyer de Darius, ayant appris ce dont
ils étaient convenus, s'avisa d'un artifice
pour assurer la couronne à son maître. Il
attacha la nuit d'auparavant une cavale
dans l'endroit où ils devaient se rendre le
lendemain matin, et il y amena le cheval
de son maître. Les seigneurs s'étant trouvés

le lendemain au rendez-vous, le cheval de Darius ne fut pas plus tôt dans l'endroit où il avait senti la cavale, qu'il hennit : sur quoi Darius fut salué roi par les autres, et placé sur le trône. Il était fils d'Hystaspe, Perse de nation, de la famille royale d'Achémène.

L'empire des Perses étant ainsi rétabli et affermi par la sagesse et par la valeur de ces sept seigneurs, ils furent élevés sous le nouveau roi aux plus grandes dignités, et honorés des plus grands privilèges. Ils eurent le droit d'approcher de sa personne toutes les fois qu'ils le voudraient, et d'opiner les premiers sur toutes les affaires de l'empire. Au lieu que tous les Perses portaient la tiare ou le turban le bout renversé en arrière, à la réserve du roi qui le portait droit, ceux-ci eurent le privilège de le porter le bout tourné en avant, en mémoire de ce que, lorsqu'ils attaquèrent les mages, ils l'avaient tourné de cette manière, afin de se mieux reconnaître dans la confusion. Depuis ce temps-là les rois de Perse de cette race ont toujours eu sept conseillers ainsi privilégiés.

Je termine ici l'histoire du royaume des

Perses, réservant le reste pour les volumes suivans.

CHAPITRE IV.

MŒURS ET COUTUMES DES ASSYRIENS, DES BABYLONIENS, DES LYDIENS, DES MÈDES ET DES PERSES.

Je joins ici ce qui regarde les mœurs et les coutumes de toutes ces nations, parce qu'elles ont ensemble une grande conformité sur plusieurs points ; que je me trouverais exposé à de fréquentes redites, si je voulais les traiter séparément ; et qu'à l'exception des Perses, les auteurs anciens nous apprennent peu de chose des mœurs des autres peuples. Dans ce que je me propose d'en dire, je traiterai principalement quatre chefs : le gouvernement, la guerre, les sciences et les arts, la religion ; après quoi j'exposerai quelles ont été les principales causes de la décadence et de la ruine du grand empire des Perses.

ARTICLE PREMIER.

Du gouvernement.

Après avoir dit un mot de la nature même

du gouvernement qui régnait en Perse, et de la manière dont les enfans des rois y étaient élevés, je considérerai quatre choses : le conseil public, où s'examinaient les affaires de l'état, l'administration de la justice, le soin des provinces, le bon ordre dans les finances.

§ I. Le gouvernement monarchique, que nous appelons royauté, est, de tous les gouvernemens, le plus ancien, le plus généralement répandu, le plus propre à maintenir les peuples dans la paix et l'union, et le moins exposé aux révolutions et aux vicissitudes qui agitent les états. C'est ce qui a porté les plus sages écrivains de l'antiquité, Platon, Aristote, Plutarque, et, avant eux, Hérodote, à donner nettement la préférence à cette sorte de gouvernement sur tous les autres. C'est aussi le seul qui ait lieu dans tout l'Orient, où le gouvernement républicain était absolument inconnu.

Les peuples y rendaient de grands honneurs au prince régnant, parce qu'ils respectaient en lui le caractère de la Divinité dont il était l'image vivante, et dont il tenait la place à leur égard, étant établi

sur le trône par la main du Souverain Maître, et revêtu de son autorité pour être
envers eux le ministre de sa bonté et de sa
providence. C'est ainsi que parlaient et
pensaient les païens mêmes : *Principem dat
Deus, qui erga omne hominum genus vice
sua fungatur.*

Ces sentimens sont très louables et très
justes. Il est certain que les respects les
plus profonds sont dus à la souveraineté,
parce qu'elle vient de Dieu, et qu'elle est
toute destinée au bien public; et il est visi-
ble en même temps qu'une autorité qui ne
serait pas respectée selon toute l'étendue de
son pouvoir, ou deviendrait absolument
inutile, ou serait très limitée dans les
bons effets qui en doivent suivre. Mais,
dans le paganisme, ces hommages, justes
et légitimes en eux-mêmes, étaient souvent
portés trop loin. Il n'y a que la religion
chrétienne qui sache se tenir dans de justes
bornes. « Nous honorons l'empereur, disait
« Tertullien au nom de tous les chrétiens,
« mais de la manière qui nous est permise
« et qui lui convient; c'est à dire comme
« un homme qui tient le premier rang au-
« près de Dieu, de qui seul il a reçu tout

« ce qu'il est, et qui ne voit sur la terre
« au-dessus de lui que Dieu seul. » C'est
pour cela qu'il l'appelle dans un autre endroit une seconde majesté, qui ne le cède
qu'à la première ; *religio secundæ majes-
tatis.*

Chez les Assyriens, et encore plus chez
les Perses, le prince se faisait appeler *le
grand-roi, le roi des rois.* Deux raisons purent porter ce prince à prendre ce titre
fastueux : l'une, parce que leur empire était
formé par la conquête de plusieurs royaumes réunis sous une seule domination ;
l'autre parce qu'ils avaient à leur cour ou
dans leur dépendance plusieurs rois qui
étaient leurs vassaux.

La royauté passait des pères aux fils, et
pour l'ordinaire à l'aîné. Quand celui qui
devait un jour monter sur le trône était
venu au monde, tout l'empire en témoignait
sa joie par des sacrifices, des festins, et
toutes sortes de réjouissances publiques ;
le jour de sa naissance était dans la suite un
jour de fête et de solennité pour tous les
Perses.

La manière dont on élevait le futur
maître de l'empire est admirée par Platon,

ce proposée aux Grecs comme un modèle
parfait en ce genre.

Il n'était point livré totalement au pouvoir de la nourice, qui pour l'ordinaire
était une femme d'une basse et obscure
condition. On choisissait parmi les eunuques, c'est-à-dire parmi les premiers officiers du palais, ceux qui avaient le plus de
mérite et de probité, pour prendre soin
du corps et de la santé du jeune prince,
jusqu'à l'âge de sept ans, et pour commencer à former ses mœurs. Alors on le tirait
d'entre leurs mains, et on le confiait à
d'autres maîtres, pour continuer de veiller
à son éducation, pour lui apprendre à
monter à cheval dès que ses forces pouvaient le permettre, et pour l'exercer à la
chasse.

À l'âge de quatorze ans, lorsque l'esprit
commence à avoir plus de maturité, on lui
donnait pour son instruction quatre hommes des plus vertueux et des plus sages de
l'état. Le premier, dit Platon, lui apprenait la magie, c'est-à-dire, dans leur langage, le culte des dieux selon les anciennes maximes, et selon les lois de Zoroastre, fils d'Oromase; et il lui donnait en

même temps les principes du gouvernement. Le second l'accoutumait à dire la
vérité et à rendre la justice. Le troisième
lui enseignait à ne se laisser pas vaincre
par les voluptés, afin d'être toujours libre
et vraiment roi, maître de lui-même et de
ses desirs. Le quatrième fortifiait son courage contre la crainte, qui en eût fait un
esclave, et lui inspirait une sage et noble
assurance, si nécessaire pour le commandement. Chacun de ces gouverneurs excellaient éminemment dans la partie de l'éducation qui lui était confiée. L'un était recommandable surtout par la connaissance
de la religion et de l'art de régner; l'autre
par l'amour de la vérité et de la justice;
celui-là par la tempérance et l'éloignement
des plaisirs; un dernier, enfin, par une
force et une intrépidité d'ame non communes.

Je ne sais si cette multiplicité de maîtres, qui avaient sans doute différens caractères, et peut-être différens intérêts,
était fort propre pour le dessein qu'on se
proposait, et s'il était possible que quatre
hommes convinssent ensemble des mêmes
principes, et tendissent de concert au même

but. On craignait apparemment de ne pas trouver réunies dans une seule personne toutes les qualités qu'ils jugeaient nécessaires pour bien élever l'héritier présomptif de la couronne, tant ils avaient, même dans ces temps de corruption, une grande idée de l'éducation d'un prince.

Quoi qu'il en soit, tous ces soins, comme le remarque Platon au même endroit, étaient rendus inutiles par la pompe, le luxe, la magnificence qui environnaient le jeune prince de tous côtés; par le nombreux cortège d'officiers qui le servaient avec une soumission servile; par tout l'attachement d'une vie molle et voluptueuse, où l'on ne paraissait attentif qu'à inventer de nouvelles délices : dangers que le plus excellent naturel ne pouvait surmonter. Les mœurs corrompues de la nation l'entraînaient donc bientôt dans les plaisirs, contre lesquels nulle éducation ne peut tenir.

Celle dont parle ici Platon ne peut regarder que les enfans d'Artaxerxe, surnommé Longue-Main, fils et successeur de Xerxès, du temps duquel vivait Alcibiade, qui est introduit dans le dialogue dont cette observation est tirée; car Platon, dans un autre endroit que nous citerons dans la suite, nous apprend que ni Cyrus, ni Darius ne songèrent à donner une bonne éducation aux jeunes princes leurs fils : et ce que l'histoire raconte d'Artaxerxe Longue-Main donne lieu de croire qu'il fut plus attentif que ses prédécesseurs à bien faire élever ses enfans; mais il fut peu imité par ceux qui lui succédèrent.

§ II. Quelque absolue que fût l'autorité des rois chez les Perses, elle était pourtant retenue dans de certaines bornes par l'établissement du conseil que l'état leur donnait, conseil composé de sept des principaux chefs de la nation, plus recommandables encore par leur habileté et leur sagesse que par leur naissance. Nous avons vu l'origine de cet établissement dans la conspiration des seigneurs de Perse, lesquels, au nombre de sept, conjurèren contre Smerdis le mage, et le firent mourir

L'Ecriture marque qu'Esdras fut envoyé dans la Judée au nom et par l'autorité du roi Artaxerxe et de ses sept conseillers. La même Ecriture, long-temps auparavant et sous le règne de Darius, appelé auss Assuérus, qui succéda au mage, nous ap prend que ses conseillers étaient instruits à fond de la disposition des lois, des maximes de l'état, des coutumes anciennes; qu'ils suivaient partout le prince, qui ne faisait rien et ne décidait aucune affaire importante sans les avoir consultés : *Interrogavit (Assuerus) sapientes, qui ex more regio semper ei aderant, et illorum faciebat cuncta consilio, scientium leges ac jura majorum.*

Ce dernier passage donne lieu à quelques réflexions qui peuvent beaucoup contribuer à faire connaître le génie et le caractère du gouvernement des Perses.

Premièrement, le roi dont il y est parlé, c'est-à-dire Darius, a été l'un des plus célèbres qui aient régné dans la Perse, et l'un des plus recommandables pour sa sagesse et sa prudence, quoiqu'il n'ait point été sans défauts; et c'est à lui aussi bien qu'à Cyrus, qu'on attribue la plupart des excellentes lois qui y ont toujours subsisté depuis, et qui ont fait comme le fond et la règle du gouvernement. Or ce prince, quoique fort habile et fort éclairé, crut cependant avoir besoin de conseil, et il ne craignit point, en s'associant ainsi des coadjuteurs dans la décision des affaires, qu'on le soupçonnât de manquer de lumières : en quoi il marqua une supériorité de génie qui n'est pas commune, et qui suppose un grand fonds de mérite; car un prince qui n'a qu'une lumière et un esprit médiocre est tout plein de ses pensées; et plus il est borné, moins il est docile. Il croit qu'on manque de respect pour lui quand on veut lui découvrir ce qu'il n'aperçoit pas; et il s'offense comme d'une injure de ce qu'on ne paraît pas persuadé qu'étant le maître, il est aussi le plus clairvoyant. Darius pensait bien autrement, puisqu'il ne faisait rien sans conseil : *illorum faciebat cuncta consilio.*

En second lieu, Darius, quelque absolu qu'il fût, et quelque jaloux qu'il pût être de la prééminence de son rang, ne crut point y donner atteinte ni l'avilir en aceptant un conseil qui, sans partager avec lui l'autorité du commandement, qui réside toujours dans la personne du prince, n'avait que celle de la raison, et se bornait à lui faire part de ses lumières et de ses connaissances. Il était persuadé que le plus noble caractère de la puissance souveraine quand elle est pure, et qu'elle n'a point dégénéré ni de son origine ni de sa fin, est de gouverner par les lois, de régler sur elle ses volontés, et de se croire interdit tout ce qu'elles défendent.

En troisième lieu, ce conseil, qui accompagnait partout le roi *(ex more regio semper ei aderant)*, était un conseil subsistant et perpétuel, composé des plus grands seigneurs et des meilleures têtes de l'état; qui sous la direction du prince, et toujours dépendamment de lui, étaient comme la source de l'ordre public, et l'origine de tout ce qui se faisait avec sagesse au-dedans et au-dehors de l'état. C'était sur ce conseil que le prince se déchargeait de plusieurs soins, qui l'auraient accablé s'il ne s'était fait soulager, et c'était par lui qu'il exécutait ce qui avait été résolu. C'était par ce conseil subsistant que les grandes maximes de l'état se conservaient, que la connaissance de ses véritables intérêts se perpétuait, que la suite des affaires commencées se liait et s'entretenait, que les surprises et les innovations étaient empêchées. Car, dans un conseil public et général, les matières sont examinées par des hommes non suspects : tous les ministres sont mutuellement les inspecteurs les uns des autres; toutes leurs lumières sur les affaires publiques se réunissent, et ils deviennent tous également capables de tout ce qui regarde le ministère, parce qu'ils sont obligés de s'instruire de toutes les matières pour opiner sensément, quoiqu'ils ne soient chargés pour l'exécution que d'un emploi limité.

Enfin, et c'est la quatrième réflexion qui me restait à faire, il est marqué que ceux qui composaient ce conseil étaient instruits à fonds des lois, des maximes et des droits du royaume : *scientium leges ac jura majorum.*

Deux choses, que l'Ecriture nous apprend avoir été observées chez les Perses, pouvaient contribuer beaucoup à donner au roi et à ceux qui formaient son conseil les connaissances nécessaires pour bien gouverner : premièrement, ces registres publics, où tous les arrêts, toutes les ordonnances du prince, tous les privilèges donnés aux peuples, toutes les graces accordées aux particuliers, étaient écrits : en second lieu, les annales du royaume, où tous les évènemens des règnes passés, les résolutions prises, les règlemens établis, les services rendus par les particuliers, étaient rapportés fort exactement et dans un grand détail; annales qui étaient soigneusement gardées, et souvent lues par les princes et par les ministres, pour s'instruire du passé, pour prendre une idée nette de l'état du royaume, pour éviter une conduite arbitraire, inégale, incertaine; pour conserver l'uniformité dans le maniement des affaires, et pour puiser dans la lecture de ces livres les lumières nécessaires pour bien conduire l'état.

§ III. C'est la même chose d'être roi et d'être juge. Le trône est un tribunal, et la souveraine autorité est un pouvoir suprême de rendre justice. « Dieu vous a établi roi « sur son peuple, disait la reine de Saba à « Salomon, afin que vous le jugiez, et que « vous lui rendiez justice. » C'est pour mettre les princes en état de ne craindre que Dieu, qu'il leur a tout soumis. Il a voulu les attacher invinciblement à la justice, en les rendant indépendans. Il leur a donné tout son pouvoir, afin qu'ils ne pussent s'excuser sur leur faiblesse, et il les a rendus maîtres de tous les moyens capables d'arrêter l'oppression et l'injustice, afin

que devant eux elles fussent toujours trem-
blantes et hors d'état de nuire à qui que ce
fût.

Mais qu'est-ce que cette justice que Dieu
a confiée aux rois, et dont il les a rendus
garans? c'est la même chose que l'ordre;
et l'ordre consiste en ce que l'égalité soit
gardée, et que la force ne tienne pas lieu
de loi; que ce qui est à l'un ne soit pas exposé à la violence d'un autre; que les biens
communs de la société ne soient pas rom-
pus; que l'artifice et la fraude ne prévalent
jamais sur l'innocence et la simplicité; que
tout soit en paix sous la protection des
lois; et que le plus faible d'entre les citoyens soit mis en sûreté par l'autorité
publique.

Il paraît, par plusieurs endroits de l'histoire, que les rois de Perse rendaient la
justice par eux-mêmes. C'était pour les
mettre en état de remplir dignement cette
obligation, que dès leur jeunesse on avait
soin de les instruire dans la connaissance
des lois du pays, et que dans les écoles publiques, comme nous l'avons dit de Cyrus,
on leur apprenait la justice de la même
manière qu'on enseigne ailleurs la rhétori-
que et la philosophie.

Voilà le devoir essentiel de la royauté. Il est juste et absolument nécessaire que le prince soit aidé dans cette auguste fonction, comme il l'est dans les autres ; mais être aidé n'est point être dépouillé. Il demeure juge comme il demeure roi. Il communique son autorité, mais sans quitter sa place, ni la partager. Il paraît donc absolument nécessaire qu'il donne quelque temps à l'étude du droit public, non pour entrer dans un grand détail des lois, mais pour s'instruire des principales règles de la jurisprudence du pays, et pour se mettre en état de rendre justice, et d'opiner avec lumière sur des questions importantes. Les rois de Perse ne montaient point sur le trône sans s'être mis pendant quelque temps sous la conduite des mages, pour apprendre d'eux cette science, dont ils étaient seuls dépositaires, aussi bien que de celle de la religion.

Puisque c'est au prince seul que la justice a été confiée, et qu'il n'y a dans ses états aucun autre pouvoir de la rendre que celui qu'il communique, c'est donc à lui à examiner entre les mains de qui il remet une partie de ce précieux dépôt, pour connaître si ceux qu'il place si près du trône méritent de partager avec lui son autorité, et pour en écarter sévèrement tous ceux qu'il jugera indignes de cet honneur. Il paraît qu'en Perse les rois veillaient avec grand soin à ce que la justice fût administrée avec beaucoup d'intégrité et de désintéressement; et l'un de ces juges royaux, car on les appelait ainsi, s'étant laissé corrompre par les présens, fut impitoyablement condamné à mort par Cambyse, qui ordonna qu'on mît sa peau sur le siège où ce juge inique avait coutume de prononcer ses jugemens, et où son fils, qui succédait à sa charge, devait s'asseoir, afin que le lieu même où il jugerait l'avertît continuellement de son devoir.

Les juges ordinaires étaient pris dans le corps des vieillards, où l'on entrait qu'à l'âge de cinquante ans; ainsi personne n'exerçait la judicature avant ce temps, les Perses étant persuadés qu'on ne pouvait apporter trop de maturité à un emploi qui décide des biens, de la réputation et de la vie des citoyens.

Il n'était permis ni aux particuliers de faire mourir un esclave, ni au prince d'infliger peine de mort contre aucun de ses sujets pour une première et unique faute, parce qu'elle pouvait être regardée moins comme la marque d'une volonté criminelle que comme l'effet de la faiblesse et de la fragilité humaine.

Les Perses croyaient qu'il était raisonnable de mettre dans la balance de la justice le bien comme le mal, les mérites du coupable aussi bien que ses démérites, et qu'il n'était pas juste qu'un seul crime effaçât le souvenir de toutes les bonnes actions qu'un homme aurait faites pendant sa vie. C'est par ce principe que Darius, ayant condamné à mort un juge parce qu'il avait prévariqué contre son devoir, et s'étant souvenu des services importans que ce juge avait rendus à l'état et à la famille royale, révoqua sa sentence dans le moment même qu'elle allait être mise à exécution, reconnaissant qu'il l'avait prononcée avec plus de précipitation que de sagesse.

Mais une loi importante et essentielle pour les jugemens, était, en premier lieu, de ne condamner jamais un coupable sans lui avoir confronté ses accusateurs, et sans lui avoir laissé le temps et fourni tous les moyens de répondre aux chefs d'accusation intentés contre lui; en second lieu, de condamner le délateur aux mêmes peines qu'il voulait faire souffrir à l'accusé, s'il se trouvait innocent. Artaxerxe donna un bel exemple de la juste sévérité qu'on doit employer dans ces occasions. Un de ses favoris lui avait rendu suspecte la fidélité de l'un de ses meilleurs officiers, dont il ambitionnait la place, et avait envoyé contre lui des mémoires pleins de calomnie, espérant de son crédit auprès du prince qu'il l'en croyait sur sa simple parole , et qu'il n'entrerait dans aucun examen : car tel est le caractère du délateur, il craint la lumière et les preuves; il desire fermer à l'innocence tout accès auprès du prince, et lui ôter tout moyen de se justifier. L'officier fut mis en prison. Il demanda au roi qu'on lui donnât des juges, et qu'on produisît les preuves. Il n'y en avait point d'autre que la lettre que son ennemi même avait écrite contre lui. Son innocence fut donc reconnue, et pleinement justifiée par les trois commissaires nommés pour l'examen de sa cause; et le roi fit tomber tout

le poids de son indignation contre le per-
fide calomniateur, qui avait entrepris d'a-
buser ainsi de la confiance de son maître.
Ce prince, qui était fort éclairé, et qui
savait que la marque d'un sage gouvernement, c'est lorsqu'on ne craint que les
lois et non les délateurs, aurait cru qu'en
user autrement, c'aurait été violer ouver-
ement les règles les plus communes de l'é-
quité naturelle, et même de l'humanité;
ouvrir la porte à l'envie, à la haine, à la
vengeance, à la calomnie; armer de l'au-
orité publique la noire et détestable malice
les délateurs contre la simplicité des plus
fidèles sujets, et dépouiller le trône du plus
auguste privilège qu'il puisse avoir, qui
est d'être l'asile de la justice et de l'innocence contre la violence et la calomnie.

Un autre roi de Perse, avant lui, avait
donné un exemple encore plus mémorable
de fermeté et d'amour de la justice; c'est
celui que l'Écriture appelle Assuérus, et
que l'on croit être le même que Darius
fils d'Hytaspe, à qui les vives sollicitations d'Aman avaient arraché ce funeste
édit qui ordonnait qu'en un certain jour
les juifs, dans toute l'étendue de son

empire, seraient exterminés. Quand Dieu lui eut ouvert les yeux par le moyen d'Esther, il se hâta de réparer sa faute, non-seulement par la révocation de son édit, et par la punition exemplaire du fourbe et de l'imposteur qui l'avait trompé, mais encore plus par un aveu public de sa faute, qui devait servir de modèle à tous les siècles et à tous les princes, et leur apprendre que, bien loin de dégrader par là leur dignité où d'affaiblir leur autorité, ils rendaient l'une et l'autre plus respectables. Après y avoir déclaré qu'il n'est que trop ordinaire aux calomniateurs de surprendre par leurs déguisemens et par leur adresse la bonté des princes, que leur sincérité naturelle porte à juger favorablement de celle des autres, il ne rougit point de reconnaître qu'il avait eu le malheur de se laisser ainsi prévenir contre les Juifs, qui étaient les plus fidèles de ses sujets, et les enfans du Dieu très haut, à la bonté de qui lui et ses ancêtres étaient redevables de leur trône.

Les Perses n'étaient pas seulement ennemis de l'injustice, comme nous venons de le voir, ils avaient encore en horreur le mensonge, qui passa toujours parmi eux pour un vice bas et infamant. Ce qu'ils trouvaient le plus lâche après le mensonge, c'était de vivre d'emprunt. Une telle vie leur paraissait fainéante, honteuse, servile, et d'autant plus méprisable qu'elle portait à mentir.

§ IV. Il paraît facile du maintenir le bon ordre dans la capitale de royaume, où la conduite des magistrats et des juges est éclairée de près, et où la vue seule du trône est capable de tenir les sujets dans le respect. Il n'en est pas ainsi des provinces, où l'éloignement du prince et l'espérance de l'impunité peuvent donner lieu à beaucoup de malversations de la part des officiers et des magistrats, et de désordres de la part des peuples; c'est à quoi la politique des Perses s'appliquait avec le plus de soins, et l'on peut dire aussi avec le plus de succès.

L'empire des Perses se divisait en cent vingt-sept gouvernemens, dont ceux qui en étaient chargés s'appelaient satrapes. Ils avaient au-dessus d'eux trois principaux ministres qui veillaient sur leur conduite, et à qui ils rendaient compte de toutes les affaires de leurs provinces, et qui devaient ensuite en faire rapport au roi. C'était Darius-Médus , c'est-à-dire Cyaxare , ou plutôt Cyrus, sous le nom de son oncle, qui avait établi ce bon ordre dans l'empire. Ces satrapes, par leur établissement, étaient chargés de se rendre , chacun dans sa province, aussi attentifs aux intérêts des peuples qu'à ceux du prince; car Cyrus était persuadé qu'on ne devait point mettre de différence entre ces deux sortes d'intérêts qui sont nécessairement liés ensemble, puisque les peuples ne peuvent être heureux si le prince n'est puissant et en état de les défendre, ni le prince être véritablement puissant si les peuples ne sont heureux.

Ces satrapes étaient les personnes de l'état les plus considérables, à qui Cyrus assigna des fonds et des revenus proportionnés à l'importance de leurs emplois. Il voulait qu'ils vécussent noblement dans la province, pour s'attirer le respect et des grands et des peuples qui étaient confiés à leurs soins; et que par cette raison leur train, leur équipage, leur table, répondissent à leur dignité, sans pourtant sortir des bornes d'une sage et raisonnable modestie. Il se proposait lui-même à eux pour modèle, comme il souhaitait qu'ils le fussent aussi de leur côté pour tous les seigneurs sur lesquels ils avaient quelque intendance : en sorte que le même ordre qui régnait dans la cour du prince fût aussi observé, à proportion, dans la cour des satrapes et dans la maison des grands seigneurs. Au reste, pour prévenir autant qu'il lui était possible tous les abus qu'on aurait pu faire d'une autorité aussi grande qu'était celle des satrapes, il s'en était réservé à lui seul la nomination, et il voulut que les gouverneurs de places, les commandans des troupes, et d'autres pareils officiers, eussent rapport directement au prince, et reçussent de lui les ordres, afin que, si les satrapes venaient à abuser de leur pouvoir, ils sussent qu'ils trouveraient en eux autant d'inspecteurs et de censeurs. Et pour rendre ce commerce de lettres plus sûr et plus prompt, il établit dans toute l'étendue de son empire des courriers qui allaient jour et nuit, et faisaient une diligence extraordinaire. Je diffère d'en parler à la fin de ce paragraphe, pour ne point interrompre la matière que je traite.

Le roi ne se reposait pas entièrement du soin des provinces sur les satrapes et les gouverneurs; il en prenait connaissance par lui-même, persuadé que ce n'est régner qu'à demi que de régner par les autres. Un officier de la couronne était chargé de lui dire tous les matins en l'éveillant : « Sire, levez-vous et songez à remplir les « fonctions pour lesquelles Oromasde vous « placé sur le trône. » Oromasde était un dieu honoré anciennement chez les Perses. Un bon prince, dit Plutarque, en rapportant cette coutume, n'a pas besoin qu'un officier lui répète tous les jours cet avis; l'amour pour son peuple et son bon cœur le lui diront assez.

Chez les Perses le roi se croyait donc obligé, selon l'ancienne coutume qui y était établie, de visiter en personne toutes les provinces de son empire; et il comprenait, comme Pline le dit de Trajan, que la gloire la plus solide et la joie la plus sensible d'un bon prince, est d'aller de temps en temps montrer au peuple leur père commun; réconcilier des villes troublées par des haines mutuelles et des dissensions; arrêter les mouvemens prêts à

:clater, moins par l'austérité du commandement que par l'autorité de la raison; empêcher les injustices et les vio-
ences des magistrats; casser absolument
:out ce qui s'est fait contre l'ordre et
:ontre les règles; en un mot, porter partout, comme un astre bienfaisant, des
influences salutaires, ou plutôt, comme
une espèce de divinité, connaître tout, .
entendre tout, se rendre présent à tout,
ans rejeter jamais aucune plainte ni aucune
supplication.

Lorsque le roi ne pouvait pas faire lui-
même ses visites, il envoyait à sa place
les grands de l'état connus par leur prudence et leur vertu. On les appelait com-
munément les yeux et les oreilles du
prince, parce qu'il voyait tout et était in-
ormé de tout par leur moyen. Quand on
lisait que les grands qui composaient le
conseil, ou qui étaient employés en différens ministères, étaient les yeux et les
oreilles du prince, on avertissait tout ensemble et le prince, qu'il avait ses ministres comme nous avons les organes de
nos sens, non pour se reposer, mais pour
agir par leur moyen; et les ministres, qu'ils

ne devaient pas agir pour eux-mêmes
mais pour le prince qui était leur chef, e
pour tout le corps de l'état.

Le détail où descendaient, soit le roi
lorsqu'il marchait en personne, soit le
commissaires et les inspecteurs qu'il nom
mait à cet effet, est bien digne d'admiration, et marque qu'on entendait bien alor
en quoi consistent la sagesse et l'habilet
du gouvernement. Ce n'étaient pas seule
ment les grands objets comme la guerre
les finances, la justice, le commerce, qu
occupaient l'esprit du prince ou des ministres : la sûreté et la beauté des villes
l'habitation commode des citoyens, le
réparations des chemins publics, des ponts
des chaussées, la garde des forêts pou
empêcher qu'elles ne fussent dégradées, la
culture des terres surtout, et jusqu'aux
métiers les plus vils et les plus bas, tou
entrait dans la politique, et paraissait e
mériter l'attention. En effet, tout ce qui es
aux sujets, aussi bien que les sujets mêmes,
fait partie de ce qui est confié à l'attention
à la sensibilité, à l'activité du chef de la
république : son amour pour elle est uni-
versel; il embrasse tout et s'étend à tout. I

ffit au public et aux particuliers. Il porte
ans son cœur chaque province, chaque
ille, chaque famille. Tout retentit à lui,
out l'avertit, tout l'intéresse.

J'ai dit que la culture des terres était un
es grands objets qui attiraient l'attention
es Perses. En effet, un des premiers soins
u prince était de faire fleurir l'agricul-
ure; et les satrapes dont la province était
e mieux cultivée avaient la plus grande
art aux graces. Comme il y avait des
harges établies pour la conduite des ar-
ées, il y en avait aussi pour veiller aux
avaux rustiques : c'étaient deux charges
emblables, dont l'une prenait soin de
arder le pays, et l'autre de le cultiver. Le
rince les protégeait avec une affection
resque égale, parce que toutes deux
oncouraient et étaient nécessaires au bien
ublic; car si les terres ne peuvent pas être
ultivées sans le secours et la protection
es armées qui les défendent et les tiennent
n sûreté, les armées, de leur côté, ne
euvent pas être nourries et entretenues
ans le travail des laboureurs qui cultivent
s terres. C'était donc avec grande raison
ue le prince, quand il ne pouvait pas

s'en instruire par lui-même, se faisait ren
dre un compte exact de la manière don
chaque province, chaque canton était cul
tivé; qu'il voulait savoir si chaque pay
portait abondamment tout ce qu'il pouvai
produire; qu'il descendait jusque dans ce dé
tail, comme Xénophon le marque de Cyru
le jeune, de s'informer si les jardins de
particuliers étaient bien tenus, et portaien
des fruits en abondance; qu'il récompensai
les intendans et les surveillans dont l
province ou le canton se trouvait le mieu:
cultivé, et punissait la négligence et l
nonchalance des paresseux qui laissaien
leurs terres incultes et stériles. Un parei
soin n'est pas indigne d'un prince, e
répandrait dans un royaume, avec l'abon
dance et la richesse, l'amour du travai
et de l'occupation, qui serait un moyen sû
d'en écarter cette foule d'hommes oisifs e
fainéans qui sont si fort à charge au publi
et déshonorent un état.

Xénophon, après l'endroit que je vien:
de citer, met dans la bouche de Socrate
qui y parle, un éloge magnifique de l'agriculture, qu'il représente comme l'occupation la plus digne de l'homme, la plu;

ncienne, la plus conforme à sa nature ;
omme la nourricière commune de toutes
es conditions et de tous les âges ; comme
a source de la santé, de la force, de
abondance, de la richesse, et même d'une
nfinité de plaisirs et de délices, mais sages
et honnêtes comme la maîtresse et l'école
le la sobriété, de la tempérance, de la
ustice, de la religion, en un mot de toutes
es vertus, tant guerrières que civiles. Il
apporte le beau mot de Lysandre, Lacé-
lémonien, qui se promenant à Sardes avec
e jeune Cyrus, et apprenant de la bouche
le ce prince que c'était lui-même qui avait
planté de sa propre main plusieurs des
arbres qu'il voyait, s'écria qu'on avait
raison de vanter le bonheur de Cyrus, dont
a vertu répondait à sa fortune, et qui, au
milieu du faste le plus brillant et de la plus
superbe magnificence, avait su conserver
an goût si pur et si conforme à la droite
raison. *Quum Cyrus respondisset : Ego ista
sum dimensus, mei sunt ordines, mea
descriptio : multæ etiam istarum arborum
mea manu sunt satæ ; tum Lysandrum,
intuentem ejus purpuram, et nitorem cor-
poris, ornatumque persicum multo auro*

multisque gemmis , dixisse : « *Recte ver-*
te , Cyre , beatum ferunt, quoniam virtu-
tuæ fortuna conjuncta est.* » Qu'il serait
souhaiter que notre jeune noblesse, qui
dans un temps de paix , ne sait à que
s'occuper, eût un pareil goût pour l'agriculture , dont certainement, après ce qu
nous venons de voir de Cyrus, elle ne devrai
pas se croire déshonorée, surtout quanc
on sait que cette même agriculture a fai
pendant plusieurs siècles l'occupation ordinaire de la nation du monde la plus guer-
rière et la plus courageuse! On sent assez
que je parle des Romains.

Invention des postes et des courriers.

J'ai promis ici de parler de l'invention
des postes et des courriers. Elle est attri-
buée à Cyrus; et je ne sache point en effet
qu'avant lui il en soit fait mention. Comme
l'empire des Perses, depuis ses dernières
conquêtes, avait une vaste étendue, et que
le prince exigeait que tous les gouverneurs

---

* Le texte grec est encore plus énergique;
« Vous êtes digne, Cyrus, de votre bonheur. Car,
« en même temps que vous êtes heureux et opu-
« lent, vous êtes aussi vertueux. »

les provinces et tous les premiers officiers
les troupes lui écrivissent exactement pour
'informer de tout ce qui se passait chacun
lans leur département et dans leur armée,
pour rendre ce commerce plus sûr et plus
prompt, et se mettre en état d'être averti
n diligence de toutes les affaires, et d'y
lonner ordre sur-le-champ, il établit des
ourriers et des postes dans chaque pro-
ince. Ayant supputé ce qu'un bon cheval,
poussé avec force, pouvait faire de chemin
n un jour, sans pourtant se ruiner, il fit
onstruire à proportion des écuries, également distantes l'une de l'autre, et il y en-
oya des chevaux et des palfreniers pour en
rendre soin. Il y établit aussi un maître,
our recevoir les paquets des courriers qui
rrivaient, et les donner à d'autres, et pour
rendre les chevaux qui avaient couru, et
u fournir de frais. Ainsi la poste marchait
our et nuit, et faisait grande diligence,
ans que ni la pluie, ni la neige, ni la cha-
ur, ni aucune autre incommodité des
isons, y mît obstacle. Hérodote parle
es mêmes courriers sous Xerxès.

La surintendance des postes devint une
harge considérable. Darius, le dernier

des rois de Perse, l'avait remplie, avant
que de monter sur le trône. Xénophon re
marque que cet établissement durait en
core de son temps : ce qui s'accorde par
faitement avec ce qui est rapporté dans l
livre d'Esther, au sujet de l'édit donné pa
Assuérus en faveur des Juifs, et qui fú
porté par tout ce vaste empire avec une ra
pidité qui aurait été impossible sans le
postes que Cyrus avait établies.

On est surpris avec raison de voir qu
cet établissement des postes et des cour
riers, trouvé d'abord en Orient par Cyrus
et mis ensuite en usage par ses successeur
pendant tant de siècles; qu'un tel établis
sement, dis-je, si utile au gouvernement
n'ait point passé en Occident, surtout parm
des peuples aussi habiles dans la politiqu
qu'étaient les Grecs et les Romains, o
l'on en voit des traces.

Il est encore étonnant que cette pre
mière invention des postes n'ait pas condui
plus loin, et qu'on en ait borné si long
temps l'usage aux seules affaires de l'etat
sans être touché des grands avantages qu
le public en pouvait tirer, pour la facilité
du commerce de la vie, et du négoce de

marchands et des banquiers; pour l'expédition des affaires des particuliers; pour la promptitude des voyages qui demandaient de la diligence; pour la communication aisée des familles, des villes et des provinces; pour la sûreté des sommes remises d'une contrée dans une autre. On sait quelle difficulté on avait alors, et pendant les siècles suivans, à se communiquer des nouvelles et à traiter d'affaires, étant nécessaire pour cela ou d'envoyer exprès un domestique, ce qui ne pouvait se faire sans beaucoup de dépense et de lenteur, ou d'attendre le départ de quelque personne qui allât dans la province où l'on voulait écrire, ce qui était sujet à une infinité de contre-temps, de longueurs et d'accidens.

Nous jouissons maintenant à peu de frais de cette commodité; mais nous n'en sentons pas assez l'avantage, que la privation seule peut faire bien connaître. La France en a l'obligation à l'Université de Paris; et je ne puis m'empêcher d'en faire ici la remarque : j'espère qu'on me pardonnera cette digression. Comme elle était la seule dans tout le royaume, et qu'il y venait de toutes les provinces, et même de tous les royaumes voisins, un grand nombre d'écoliers, elle établit en leur faveur des messagers, dont les fonctions étaient, nonseulement de porter hardes, or, argent, pierreries, sacs des procès, informations, enquêtes; de faire la conduite de toutes personnes indifféremment, fournissant chevaux et nourriture; mais encore de porter les lettres missives des particuliers, et tous leurs paquets.

Ces messagers sont souvent appelés dans les registres des nations de la faculté des Arts, *nuntii volantes*, pour marquer la diligence. qu'ils étaient tenus de faire. Ils servaient le public aussi bien que l'Université.

L'état est donc redevable à l'Université de Paris de l'établissement des messageries et du port des lettres. Elle a fait cet établissement à ses frais et dépens, à la satisfaction de nos rois et du public; elle l'a soutenu depuis 1576 contre les différentes entreprises des traitans, ce qui lui a coûté des sommes immenses. Ce ne fut qu'en cette année 1576 que le roi Henri III, par son édit du mois de novembre, créa des messagers royaux ordinaires dans les mêmes villes où en avait l'Université, et leur accorda les mêmes droits et privilèges que les rois ses prédécesseurs avaient accordés aux messagers de l'Université.

C'est ce revenu des messageries qui a fait dans tous les temps le fonds et le patrimoine de l'Université. C'est sur ce revenu que le roi Louis XV, par son arrêt du conseil d'état, du 14 avril 1719, et par ses lettres patentes de même date, enregistrées au parlement et en la chambre des comptes, a établi l'instruction gratuite de tous les collèges de ladite Université, en le fixant pour l'avenir au vingt-huitième effectif du prix du bail général des postes et messageries de France; et ce vingt-huitième se trouva monter pour lors à la somme de cent vingt-quatre mille livres, à peu de chose près.

On voit que c'est à juste titre que l'Université, à qui cet établissement a rendu une partie de son ancien lustre, regarde Louis XV comme un nouveau fondateur, à qui elle doit l'avantage d'être enfin délivrée de la triste et honteuse nécessité d'exiger un salaire de ses travaux, qui déshonorait en quelque sorte la dignité de cette profession, et paraissait contraire au noble désintéressement qui lui convient. En effet, la peine des maîtres qui enseignent ne doit pas être perdue, mais aussi elle ne doit pas être vendue.

L'Université marqua sa reconnaissance, non-seulement par un discours public que j'eus l'honneur de prononcer dans une nombreuse et illustre assemblée, et par des pièces de vers en grec, en latin, en français; mais beaucoup plus encore par une procession solennelle indiquée extraordinairement par son recteur *. Cette procession, composée de mille ou douze cents suppôts des quatre facultés, passa sous les yeux du roi le long du Louvre, et du régent, proche le Palais-Royal. Elle se rendit ensuite à Saint-Roch, où son éminence monseigneur le cardinal de Noailles, archevêque de Paris, célébra pontificalement la messe, et présenta au souverain maître des rois les très humbles actions de graces et les vœux fervens de l'Université pour un roi qui l'honore du nom de sa fille aînée, et qu'elle regardera

* M. Coffin, professeur du collège de Beauvais.

toujours comme son restaurateur ou plutôt comme son second fondateur.

Elle n'oubliera jamais non plus les marques de bonté que lui a données dans cette occasion monseigneur le duc d'Orléans, chargé alors, en qualité de premier prince du sang, de la régence du royaume. Comme ce prince avait un goût exquis pour les sciences et pour les belles-lettres, à la première proposition qu'on lui fit du projet de l'instruction gratuite, il en fut vivement frappé, et il sentit combien cet établissement pouvait être en même temps et glorieux pour le roi et utile pour l'état. Il n'en fallut pas davantage pour déterminer son altesse royale, sans que l'Université fût obligée d'employer auprès d'elle de pressantes sollicitations ; et sans presque qu'elle s'en mêlât, l'affaire fut conclue et terminée en peu de temps. Son altesse royale en avait confié le soin à des personnes * dont elle connaissait l'activité, et qui répondirent merveilleusement au zèle empressé du prince par leur promptitude à exécuter ses ordres. Pour lui, content du sensible plaisir d'avoir pourvu à l'hon-

* M. d'Argenson, garde-des-sceaux; M. Fagon, conseiller d'état.

neur et à la subsistance d'un grand nombre de maîtres publics, il ne chercha point à faire valoir ni à exagérer un service si important ; et quand l'Université alla pour l'en remercier, il eut la modestie de dire hautement, dans une audience publique, QUE CE N'ÉTAIT POINT UNE GRACE QU'ON ACCORDAIT A L'UNIVERSITÉ, MAIS UNE JUSTICE QU'ON LUI RENDAIT. L'Université sait bien ce qu'elle en doit penser, et ce qu'exige d'elle un tel bienfait : mais il est beau et rare d'entendre parler un prince de la sorte ; et j'ai cru devoir conserver la mémoire d'une parole qui doit augmenter d'autant plus le prix de ce bienfait, que lui-même semblait vouloir le diminuer.

J'ajouterai à ce que je viens de dire le Mandement du recteur au sujet de l'instruction gratuite, avec la traduction qui en fut faite dès lors. L'élégance et la délicatesse de cette petite pièce fera sans doute plaisir au lecteur.

MANDEMENT DU RECTEUR.

Nous, CHARLES COFFIN, recteur de l'Université de Paris, à tous ceux qui ces présentes lettres verront, SALUT.

Nos, CAROLUS COFFIN, Rector universi Studii Parisiensis, omnibus præsentes litteras inspecturis, SALUTEM.

Quoique la récompense du travail soit une justice que l'on ne peut raisonnablement refuser à personne, cependant l'Université de Paris, plus sensible à l'honneur qu'à l'intérêt, a toujours vu à regret ses professeurs recevoir de leurs disciples un honoraire que la nécessité pouvait excuser, mais qui, dans le fond, était peu convenable à la dignité des lettres. Il est vrai que l'Université jouissait, presque dès sa naissance, de la propriété des Messageries, dont la possession lui a été confirmée par les édits et déclarations de nos rois ; et depuis long-temps elle en destinait le produit à l'entretien des maîtres et au soulagement des étudians. Mais ce fonds, quoique assez abondant par lui-même, ne lui avait pas apporté jusqu'à présent un revenu suffisant pour assigner une pension honnête à chacun de ses professeurs. Il était réservé au roi d'éterniser la mémoire de ses premières années par l'accomplissement d'un si glorieux dessein. Enfin, graces à Dieu, par un effet de l'auguste protection que le grand prince qui gouverne la France accorde si généreusement aux sciences et aux savans, le roi, qui devient déja le père des lettres en même temps qu'il en est le plus digne élève, consultant également la bonté de son cœur et la justice de nos droits, a voulu que cet ancien patrimoine de l'Université fût augmenté jusqu'au point de pouvoir doter honorablement la fille aînée de nos rois, et de la mettre en état de ne point dégénérer de la grandeur de son origine, et d'exercer noblement des arts aussi nobles que ceux dont elle fait profession. Par cette faveur singulière, le roi fournit lui-même des maîtres, non-seulement à la jeunesse de Paris et de tout le royaume, mais encore à celle des pays étrangers : et c'est à présent qu'une doctrine, qui s'est toujours conservée dans toute sa pureté, aura un cours plus étendu, et que l'accès en sera plus libre, quoiqu'il n'ait jamais été interdit à personne, et aux pauvres moins qu'à tout autre. Quelle joie un si heureux commencement de règne ne doit-il pas inspirer à tous les bons sujets ! Quel présage plus sûr d'un heureux avenir ! Car enfin que ne fera point, dans la force et dans la maturité de l'âge, un prince dont l'enfance se signale d'une manière si glorieuse !

Etsi suum cuique impensi laboris pretium rependi haud iniquum est, tamen Universitas nostra, dignitatis quam opum amantior, semper doluit professoribus suis unoquoque anno certam a discipulis mercedem pensitari, necessariam magis quam honestam. Habebat illa quidem natam pene secum, et omnium deinceps regum edictis ac diplomatibus confirmatam publicorum Nunciatuum possessionem quam alendis magistris, adeoque levandis discentium sumptibus, jampridem destinabat. Verum fundus hic, licet per se non infertilis, breviorem hactenus Universitati censum attulerat, quam ut ex eo justum singulis professoribus stipendium suppeditari posset. Debebatur Ludovoco XV, vix bene decimum ætatis annum ingresso, pulcherrimi operis confecti numquam intermoritura gloria. Nimirum, aspirante Deo, promovente augustissimo Regente, litterarum et litteratorum fautore munificentissimo, Rex christianissimus bonarum artium alumnus idem ac parens, nec minus naturæ suæ bonitate quam causæ nostræ jure adductus, vetus illud Universitatis patrimonium hactenus auctum et amplificatum tandem voluit, ut primogenita regum Francorum filia, proprie et decenti ornata dote, nihilque ab originis suæ nobilitate degener, ingenuas ac liberales artes liberaliter etiam exerceret. Quo tam insigni beneficicio non modo civium Parisinorum, sed Gallorum omnium, ipsorum etiam exterorum liberis publici præceptores ab ipso rege offeruntur, et doctrinæ nostræ purissimi fontes (qui tamen nemini unquam, minimeque omnium pauperibus clausi fuerunt) latius jam commodiusque reserantur. Hoc ineuntis regni faustissimum omen magna et in præsens lætitia, et in futurum spe excipere debet boni omnes. Quid enim is præstiturus non est adultus et vir, qui tale suî specimen edit vel puer!

Nous déclarons donc que tous les professeurs de l'Université de Paris n'exigeront plus de leurs écoliers autre chose que le travail et la modestie, et qu'on a commencé à y enseigner sur ce pied depuis le premier jour d'avril.

Notum itaque facimus omnes Academiæ nostræ professores, discipulorum industria modestiaque contentos, nullum deinceps a quoquam honorarium exacturos esse : initium vero sic docendi ab ipsis kal. aprilis hujus anni factum.

Vous invitons toute la jeunesse sage et bien née à venir dans nos classes, avec toute la joie et tout l'empressement dont elle est capable, y prendre de bonne heure l'heureuse habitude de jouir des bienfaits d'un roi de leur âge, pour qui on les élève, et qu'on élève pour eux ; et commencer dès à présent à le reconnaître pour leur père commun par l'éducation gratuite qu'il leur procure.

Invitamus omnes boni ingenii bonæque mentis pueros, ut in scholas nostras læti et alacres conveniant; ut assuescant beneficiis coævi regis cui crescunt, qui et illis crescit, eumque jam nunc publicum parentem munere educationis experiri velint.

En attendant que nous en rendions à Dieu des actions de graces plus solennelles, nous ordonnons que, dans tous les collèges de plein exercice, on chante le *Te Deum*, avec le psaume *Exaudiat*, pour la conservation du Roi, qui vient de donner des marques si éclatantes de sa bonté ; que, pleins de reconnaissance, on prie aussi pour monseigneur le Régent : et qu'enfin on supplie avec toute l'ardeur et le zèle possible l'Auteur de tout bien de répandre sur les maîtres l'esprit de science et de piété, plus précieux que tout l'or du monde, et d'enseigner aux disciples la vertu et la sagesse, lui *qui seul est le docteur et le maître de tous.*

Interim donec solemniores omnipotenti Deo gratias persolvamus, jubemus in singulis majoribus collegiis cantari hymnum *Te Deum*, cum psalmo *Exaudiat*, pro beneficentissimi Regis incolumitate ac salute : fundi præterea pias preces pro Serenissimo Regente, enixeque ab omnium bonorum Auctore flagitari, ut et in magistros spiritum scientiæ ac pietatis divitiis omnibus pretiosiorem effundat, et discipulos bonitatem atque disciplinam ipse qui unus omnium magister est, edoceat.

Il y aura congé lundi et mardi prochain.

Feriabuntur scholæ diebus proximis lunæ et martis.

Donné en notre hôtel au collège de Beauvais, e 12 mai 1719.

Datum in ædibus nostris Dormano - Bello-racis, die duodecima maii, anno Domini M. DCC. XIX.

§ V. Le prince est l'épée et le bouclier de 'état; il en assure le repos et la tranquillité. 'our le défendre, il a besoin d'armes, de oldats, de places fortes, d'arsenaux, de aissaux; et toutes ces choses demandent le grandes dépenses. Il est juste d'ailleurs 'ue le prince ait de quoi soutenir la ma-esté de l'empire et de quoi faire respecter a personne et son autorité. Ce sont là les eux principales raisons qui ont donné lieu l'établissement des tributs. L'unité publi-ne, et la nécessité d'acquitter les charges e l'état, y ont donné naissance, et en oivent aussi régler l'usage. Or il n'y a ien de plus juste ni de p'us raisonnable u'une telle imposition, chaque particu--er devant se tenir fort heureux d'acheter insi par une légère contribution le repos t la tranquillité de la vie.

Les revenus des rois de Perse consis-

taient ou en levées de deniers imposés su
les peuples, ou en fourniture de plusieur
choses en nature, comme grains, provi
sions, fourrages et autres denrées; chevaux
chameaux, comme aussi de ce qu'il y ava
de plus rare en chaque province. Strabo
remarque que le satrape d'Arménie envoyai
régulièrement tous les ans au roi de Pers
vingt mille poulains. On peut juger du rest
à proportion. Les tributs n'étaient impo
sés que sur les nations conquises, car le
sujets naturels, c'est-à-dire les Perses
étaient exempts de toutes impositions. C
ne fut même que sous Darius que cet usag
fut introduit, et que l'on détermina le
sommes que chaque province devait paye
tous les ans. Elles montaient à peu près
autant qu'on le peut conjecturer par l
calcul d'Hérodote, qui souffre de grande
difficultés, à quarante-quatre millions.

Le lieu où l'on gardait ces trésors s'appelait en langue persane *Gaza*. Il avait d
ces trésors à Suse, à Persépolis, à Pa-
sargade, à Damas et en d'autres villes.
L'or et l'argent y étaient gardés en lingots,
dont on faisait de la monnaie à mesure que
le prince en avait besoin. La principale

ıonnaie des Perses était d'or, et s'appelait
)aricus, du nom de Darius, qui le pre-
nier l'avait fait battre, dont elle portait
image, et un archer au revers. Le *Dari-
ue* est aussi appelé quelquefois *Stater
ureus* dans les auteurs, parce que, comme
e Stater attique, il est du poids de deux
ragmes d'or qui valent vingt drag-
ıes d'argent, et par conséquent dix livres
e notre monnaie.

Outre ces tributs, qui se levaient en ar-
ent, et il y avait une autre contribution qui
e faisait en nature, par les denrées et pro-
isions pour l'entretien de la table du
rince et de sa maison, et par la fourni-
are des grains, des fourrages et des vi-
res pour la subsistance des armées, et des
hevaux pour la remonte de la cavalerie.
es six-vingts satrapies fournissaient cette
ontribution, chacune selon sa quote-part
t sa taxe. Hérodote remarque que la sa-
rapie de Babylone, qui était la plus éten-
ue et la plus opulente de toutes, fournis-
ait seule cette contribution pendant quatre
ıois, et portait par conséquent elle seule
u tiers du total, dont tout le reste de l'A-
ıe ensemble ne contribuait que pour les
eux autres tiers.

Ce que j'ai dit ci-devant fait connaître que les rois de Perse ne levaient pas tous les impôts en deniers, mais qu'ils se contentaient d'en tirer seulement une partie en argent, et recevaient le reste en denrées que produisaient les provinces : ce qui marque dans le gouvernement beaucoup de sagesse, de modération et d'humanité. Ils avaient sans doute remarqué qu'il est souvent très difficile, surtout aux pays éloignés du commerce, de convertir leurs denrées en argent sans souffrir de grandes pertes; au lieu que rien ne facilite tant la levée des impôts, et ne met les peuples plus à couvert des vexations et des frais, que de prendre en paiement de chaque contrée les fruits qu'elle produit, qui sont une contribution aisée, naturelle, équitable.

Il y avait aussi certains cantons assignés pour l'entretien de la toilette et de la garde-robe de la reine, l'un pour sa ceinture, l'autre pour son voile, et ainsi du reste; et ces cantons, qui étaient d'une fort grande étendue, puisqu'un d'eux renfermait autant d'espace qu'un homme en peut faire en un jour; ces cantons, dis-je, tiraient eur nom de leur destination particulière, t étaient appelés, celui-ci la Ceinture, 'autre le Voile de la reine. Du temps de 'laton * la chose se pratiquait encore de la orte.

La manière dont parlait le prince donnait alors des pensions aux personnes qu'il oulait gratifier ressemble tout-à-fait à ce que j'ai rapporté de la reine. On sait que e roi de Perse assigna le revenu de quatre illes à Thémistocle, dont l'une devait fournir au vin, l'autre au pain, la troisième ux mets de la table, la quatrième à ses êtemens et à ses meubles. Avant lui, Cyrus en avait usé de même envers Pytarhus de Cyzique, qu'il considérait, et à qui il donna le revenu de sept villes. On oit dans la suite beaucoup d'exemples pareils.

ARTICLE II.

De la Guerre.

Les peuples d'Asie, par eux-mêmes, étaient assez belliqueux, et ne manquaient pas de courage; mais ils se laissèrent tous amollir par les délices et par la volupté.

* Et de Xénophon.

13.

J'en excepte les Perses, qui, avant Cyrus, et encore plus sous ce prince, se maintinrent dans la possession d'être regardés comme des hommes très propre à la guerre. La situation de leur pays, fort rude et plein de montagnes, avait pu contribuer à la vie dure et frugale qu'ils menaient, ce qui n'est pas indifférent pour former de bons soldats. La bonne éducation qu'on donnait aux jeunes gens chez les Perses, était la principale cause du courage et de l'esprit belliqueux de ce peuple.

Il y a donc de la distinction à mettre pour les mœurs, et surtout pour la matière que je traite, entre les différentes nations de l'Asie. Ainsi, ce qui se trouvera de bon et de parfait dans ce qui va être dit des règles et des principes de la guerre doit être appliqué aux Perses, tels qu'ils étaient sous Cyrus : le reste, aux autres peuples de l'Asie, Assyriens, Babyloniens, Mèdes, Lydiens et aux Perses mêmes, depuis qu'ils eurent dégénéré ; ce qui arriva peu de temps après Cyrus, comme je le marquerai dans la suite.

§ I. Les Perses étaient formés à la milice de très bonne heure par différens exercices.

is servaient ordinairement depuis vingt
ns jusqu'à cinquante. Soit en guerre, soit
n paix, ils portaient toujours l'épée,
omme faisait notre noblesse, ce qui ne se
ratiquait point chez les Romains ni chez
es Grecs. Ils étaient obligés de s'enrôler
lans le temps marqué, et c'était un crime
que de demander une dispense sur ce
ujet, comme on le verra dans la suite par
a manière cruelle dont Darius et Xerxès
raitèrent deux jeunes seigneurs que leurs
ères avaient demandé par grace qu'on
eur laissât pour la consolation de leur
rieillesse.

Hérodote parle d'un corps de troupes
destinées à la garde du prince, qu'on appelait *les Immortels*, parce que ce corps
subsistait toujours dans le même nombre,
qui était de dix mille, et que, dès qu'il y
était mort quelque soldat, on en substituait
un à sa place. Apparemment qu'il commença à ces dix mille soldats que Cyrus fit
venir de Perse pour sa garde. Ils étaient
distingués de tous les autres par leur
armure superbe, et encore plus par leur
courage. Quinte-Curce en fait aussi mention; et d'un autre corps, composé de

quinze mille hommes, destinés pareillement pour garder le prince : on les appelait *Doryphori*.

§ II. Les armes les plus ordinaires des Perses étaient un sabre ou cimeterre, *acinaces*; une espèce de poignard, qui pendait à leur ceinture du côté droit; un javelot, une demi-pique armée par le bout d'un fer aigu. Il paraît qu'ils portaient deux javelots, l'un pour lancer, l'autre pour combattre à la main. Ils faisaient grand usage de l'arc, et du carquois où étaient renfermées les flèches. La fronde n'était pas inconnue chez eux, mais ils en faisaient peu de cas.

Il paraît, par plusieurs endroits des auteurs, que les Perses n'usaient point de casques, mais n'avaient que leurs bonnets ordinaires appelés tiares; et cela est dit en particulier de Cyrus le jeune et de ses troupes. Cependant les mêmes auteurs, en d'autres endroits, leur donnent aussi un casque : ce qui marque que cet usage avait changé selon les temps.

Les piétons avaient, pour le plus grand nombre, des cuirasses d'airain, qui étaient si artistement ajustées au corps, qu'elles l'empêchaient point le mouvement ni l'agilité des membres, non plus que les brassards et les cuissards qui couvraient les bras, les cuisses et les jambes des cavaliers. Les chevaux mêmes pour la plupart étaient couverts d'airain par le front, le poitrail et les flancs. C'est ce qu'on appelle *equi cataphracti*, des chevaux bardés.

Les auteurs varient beaucoup sur la forme des boucliers. D'abord ils étaient assez petits, fort légers, et faits de branches d'osier, *gerra*. Mais on voit aussi, par plusieurs endroits, qu'ils en eurent d'airain, et qui étaient fort longs.

Nous avons déjà remarqué que, dans les commencemens, les soldats armés à la légère, savoir les archers et les gens de trait, faisaient le gros des armées chez les Perses et chez les Mèdes. Cyrus, qui avait reconnu par l'expérience que ces sortes de troupes n'étaient propres qu'à combattre de loin et par manière d'escarmouche, et qui croyait qu'il était plus avantageux d'en venir d'abord aux mains, avait changé cet ordre, et les avait réduites à un assez petit nombre, armant les autres de toutes pièces, comme le reste de l'armée.

§ III. Cyrus introduisit un changement considérable dans les chariots de guerre. Ils étaient en usage long-temps avant lui, comme il paraît par les livres sacrés et par Homère. Ces chariots n'avaient que deux roues ; ils étaient attelés pour l'ordinaire, de quatre chevaux de front, et montés par un homme d'une naissance et d'une valeur distinguées, qui combattait, et par un autre, qui n'était occupé qu'à conduire le chariot. Cyrus trouva que cet usage, qui entraînait beaucoup de dépenses, était d'une utilité fort médiocre, puisque pour trois cents chariots il fallait douze cents chevaux et six cents hommes, dont il n'y en avait que trois cents qui combattissent effectivement, les trois cents autres hommes de mérite et de distinction, qui auraient pu être ailleurs d'une grande utilité, ne servant que d'écuyers. Pour remédier à cet inconvénient, il changea la forme des chariots, et doubla le nombre des combattans en mettant le conducteur en état de combattre lui-même.

Il fit les roues plus fortes, afin qu'elles ne pussent pas être facilement brisées, et alongea les essieux, afin de leur donner une assiette plus ferme. Il ajouta à chaque bout de l'essieu des faux longues de trois pieds, qui étaient disposées horizontalement; et sous le même essieu il en mit d'autres, tournées contre terre, pour couper en pièces soit hommes, soit chevaux, que l'impétuosité des chariots avait renversés. Il paraît, par différens endroits des auteurs, que dans la suite on ajouta encore au bout du timon deux longues pointes, pour percer tout ce qui se présentait; et qu'on arma le derrière du chariot de plusieurs rangs de couteaux aigus, pour empêcher qu'on y pût monter.

Ces chariots furent en usage pendant plusieurs siècles dans tout l'Orient. On les regardait comme faisant la principale force des armées, comme la cause la plus certaine des victoires, et comme l'appareil le plus capable de jeter la terreur parmi les ennemis.

Mais à mesure que l'art militaire vint à se perfectionner, on en sentit les inconvéniens, et enfin on y renonça entièrement. En effet, pour en tirer quelque utilité, il fallait trouver des plaines vastes et étendues, un terrain fort uni, un pays où il n'y eût ni ravins ni ruisseaux, ni vignes, ni bois.

Dans les temps postérieurs on imagina plusieurs moyens d'en rendre l'usage absolument inutile. Il suffisait de leur opposer un simple fossé, qui les arrêtait tout court. Quelquefois un général habile et expérimenté, tel qu'Eumène, dans la bataille que Scipion livra contre Anthiocus, détachait contre les chariots les frondeurs, les archers, les tireurs de javelots, lesquels, épars de tous côtés, les accablaient d'une grêle de pierres, de traits, de flèches, et, jetant de grands cris en même temps que toute l'armée, répandaient la terreur et le désordre parmi les chevaux, et les obligeaient souvent de se tourner contre leurs propres troupes. D'autres fois on empêchait l'action et l'effet des chariots en s'en approchant tout d'un coup, et franchissant avec un extrême rapidité l'espace qui séparait les deux armées; car ils ne tiraient leur force que de la longueur de leur course, qui donnait l'impétuosité et la raideur à leur mouvement, sans quoi ils étaient faibles et languissans. C'est par là que les Romains, sous Sylla, à la bataille

e Chéronée, repoussèrent et mirent en
ite les chariots des ennemis, criant avec
e grands éclats de rire, comme dans les
ux du cirque, qu'on en fît paraître
autres.

§ IV. On ne peut rien ajouter au bon
dre et à la discipline que gardaient, sous
yrus, les troupes persanes, soit lors-
'on était en paix, soit lorsqu'on faisait la
ierre.

Ce qu'il pratiquait en temps de paix, et
ii est rapporté fort au long en plusieurs
droits de la Cyropédie, pour former
s troupes par de fréquens exercices,
ur les faire à la fatigue par de pénibles
continuels travaux, pour les préparer
x véritables batailles par des combats
mulés, pour les remplir de courage et
hardiesse par les exhortations les
nanges, les récompenses; tout cela dis-je,
t un modèle parfait pour quiconque, est
argé du commandement des troupes, à
ii pour l'ordinaire, la paix et l'oisiveté
eviennent pernicieuses en énervant leurs
rces par le relâchement de la discipline,
en emoussant par l'inaction cette pointe
courage que le mouvement seul des

armées et l'approche des ennemis augme
tent infiniment. Une sage prévoyance
l'avenir doit faire préparer pendant la pa
ce qui peut servir en temps de guerre.

Dans un jour de marche tout était ré{
et ordonné avec autant d'attention
d'exactitude que dans un jour de bataill
sans qu'aucune soldat ou officier os
quitter son rang, ni s'écarter du drapea
La coutume était, chez tous les peupl
de l'Asie, lorsqu'on campait, n'eût-ce é
que pour un jour ou pour une nuit, d'ei
vironner le camp de fossés assez profond
Ils en usaient ainsi pour éviter tout
surprise de la part de l'ennemi, et pou
n'être pas forcés à en venir au combat ma
gré eux. Ils se contentaient ordinairemer
d'une simple levée faite de la terre qu'o
tirait du fossé; mais quelquefois aussi
quoique plus rarement, ils fortifiaient leur
fossés de bonnes pallissades et de long
pieux enfoncés en terre.

Ce que j'ai dit de la discipline qui étai
gardée en temps de paix, et dans les mar
ches et les campemens de l'armée, doi
faire juger de celle qui s'observait un jou
de bataille. Rien n'est admirable comm

qui en est rapporté en différens endroits
la Cyropédie. Une simple famille n'était
s mieux réglée, ni plus attentive et plus
cile à obéir au premier signal, que l'était
rmée entière de Cyrus. Il l'avait accou-
née de longue main à cette prompte
éissance d'où dépend les succès de toutes
entreprises : car de quoi servira la meil-
re tête du monde, si les bras n'agissent
propos et ne suivent ses mouvemens ?
avait d'abord employé quelque sévérité,
i est nécessaire dans les commencemens
ur établir la discipline; mais cette sévé-
é était toujours accompagnée de raison,
assaisonnée de douceur. L'exemple du
ef, qui était partout le premier, auto-
ait ses discours et adoucissait ses com-
mdemens. La loi inflexible qu'il s'était
posée à lui-même de n'accorder rien
au mérite et de refuser tout à la faveur,
achait tous les officiers à leur devoir, et
tenait toujours en haleine; car il n'y a
n qui décourage davantage les gens de
rre, même ceux qui aiment leur prince
l'état, que de voir passer à d'autres les
ompenses de leurs périls et de leur sang

Cyrus avait trouvé le moyen d'inspirer d[e]
l'amour et du zèle pour l'ordre, même au[x]
simples soldats, en leur en inspirant pou[r]
la patrie, pour leurs citoyens, pour l'hon[-]
neur, surtout en se faisant aimer d'eux pa[r]
sa bonté et la libéralité. Voilà les véritable[s]
liens de la discipline militaire, et les seul[s]
capables de la maintenir dans toute s[a]
force et toute sa vigueur.

§ V. Comme du temps de Cyrus il y avai[t]
très peu de places fortifiées, toutes le[s]
guerres n'étaient presque que des guerre[s]
de campagne; et il avait compris par se[s]
réflexions et par son expérience que rie[n]
n'est plus décisif pour la victoire qu'un[e]
bonne et nombreuse cavalerie, et qu[e]
souvent le gain d'une seule bataille rangée en[-]
traînait après soi la conquête d'un royaum[e]
entier. Aussi avons-nous vu qu'ayan[t]
trouvé l'armée des Perses entièrement dé[-]
pourvue de ce secours si important et s[i]
nécessaire, il tourna tous ses soins de c[e]
côté-là; et que, par son activité et sa vigi[-]
lance, il vint à bout de former un corp[s]
de cavalerie persane qui devint supérieur[e]
à celle des ennemis, sinon par le nombre[,]

du moins par la bonté. Il y avait plusieurs haras en Perse et en Médie ; mais dans cette dernière province, ceux du lieu nommé Nisée étaient les plus renommés, et c'était de là qu'était fournie l'écurie du roi. Il s'agit maintenant de voir l'usage qu'ils faisaient et de leur cavalerie et de leur infanterie.

La célèbre bataille de Thymbrée nous peut donner une juste idée de la tactique des anciens du temps de Cyrus, et nous montrer jusqu'où allait leur habileté, soit pour la disposition des troupes, soit pour l'usage des armes.

Ils savaient que l'ordre de bataille le plus convenable était de placer l'infanterie au centre, et aux deux ailes la cavalerie, composée principalement de cuirassiers. De cette sorte, l'infanterie se trouvait couverte par ses flancs, et la cavalarie était plus en liberté d'agir et de s'étendre.

Ils avaient aussi compris la nécessité de former plusieurs lignes qui pussent se soutenir les unes les autres, parce qu'autrement une seule ligne, pouvant être facilement percée et rompue, n'était pas en état de se rallier, et laissait l'armée sans

ressource. Ils formaient donc la première
ligne de l'infanterie pesamment armée
sur douze * de hauteur, laquelle se servait
d'abord de la demi-pique, et ensuite, le
sabre ou l'épée à la main, combattait
contre l'ennemi corps à corps, lorsque les
deux fronts se joignaient.

La seconde ligne était composée de soldats armés à la légère, qui par-dessus la
première, lançaient les javelots. Ces javelots étaient d'un bois fort pesant, avaient
au bout une pointe de fer fort aiguë, et
étaient lancés avec beaucoup de force.
Leur destination était de jeter le désordre
parmi les ennemis avant qu'ils approchas-
sent.

Les archers formaient la troisième ligne. Comme leurs arcs étaient bandés avec
beaucoup d'effort, les flèches portaient
par-dessus les deux premières lignes, et
incommodaient extrêmement l'ennemi. On
mêlait quelquefois parmi ces archers des
frondeurs, qui lançaient de grosses pierres
avec une raideur extrême; et dans la suite
les Rhodiens substituèrent aux pierres des
balles de plomb qui allaient une fois plus
loin.

* Avant Cyrus, c'était sur vingt-quatre.

Une quatrième ligne, formée de soldats rmés comme ceux de la première, fer-ait le corps de bataille. Elle était desti-ée à soutenir les autres lignes, et à les ontenir dans le devoir quand elles s'é-ranlaient. Elle servait aussi d'arrière-arde et de corps de réserve pour repous-er l'ennemi quand il perçait jusqu'à eux.

Ils avaient des tours roulantes, portées ur de grands chariots attelés de seize œufs, et garnies de vingt hommes qui ançaient des pierres et des javelots. Elles taient placées à la queue de toute l'armée, lerrière le corps de réserve, et servaient favoriser le ralliement des troupes pous-ées jusque là par l'ennemi et mises en léroute.

Ils faisaient grand usage des chariots rmés de faux, comme nous l'avons dit. ls les plaçaient ordinairement au front de ataille, et quelquefois ils en mettaient ussi une partie sur les flancs de l'armée, quand ils avaient lieu de craindre qu'elle e fût enveloppée.

Voilà à peu près jusqu'où les anciens ortaient la science de l'art militaire pour es batailles. Mais nous ne voyons guère

qu'ils sussent profiter de l'avantage de
postes, saisir à propos un terrain favorable
attirer la guerre dans un pays fourré, fair
usage des défilés, soit pour inquiéter o
attaquer l'ennemi dans sa marche, soi
pour se mettre à couvert de ses attaques
dresser avec art des embuscades; traîne
habilement une campagne en longueur
éviter d'en venir à une action décisiv
avec un ennemi supérieur, et le réduir
à se consumer lui-même par la disette d
vivres et de fourrages. Nous ne voyons pa
non plus qu'ils fussent fort attentifs à ap-
puyer leur droite et leur gauche des rivières, des marais ou des hauteurs, à égaler par ce moyen le front d'une armé
médiocre à celui d'une autre armée beaucoup plus nombreuse, et à mettre l'ennem
hors d'état de les envelopper.

Il paraît cependant, dans les première
campagnes de Cyrus contre les Arméniens
et ensuite contre les Babyloniens, des commencemens et comme des essais de cette
science, mais qui n'allaient pas encore
fort loin, le temps, les réflexions, l'expérience, apprirent depuis aux grands capitaines toutes ces précautions et ces ruses

de guerre; et nous avons vu, dans les guerres des Carthaginois, quel usage Annibal, Fabius, Scipion et les autres généraux de l'une et de l'autre nation en ont fait.

§ VI. Des anciens avaient imaginé et mis habilement en œuvre tout ce qu'on pouvait attendre de la portée des armes connues alors, aussi bien que la force et de la variété des machines, soit pour attaquer, soit pour défendre les places.

1° Attaque des places.

La première manière d'attaquer les places fut le blocus. On investissait la ville par un mur de maçonnerie que l'on bâtissait tout autour, et dans lequel on faisait d'espace en espace des redoutes et des places d'armes; ou l'on se contentait de l'envelopper de toutes parts par un profond retranchement bien palissadé, pour empêcher que les assiégés ne pussent faire de sorties, et qu'il n'entrât dans la ville ni secours ni vivres. On attendait ainsi tranquillement que la famine fît ce que l'art ou la force ne savait pas encore faire. De là venait la longueur des sièges dont il est parlé dans l'antiquité : celui de Troie, qui dura dix ans ; celui d'Azot par Psammétique, qui en dura vingt-neuf. Cyrus aurait été fort long-temps devant Babylone, qui avait amassé des vivres pour vingt ans, s'il n'avait employé un autre moyen pour s'en rendre maître.

Comme l'on vit que les blocus traînaient extrêmement en longueur, on imagina l'escalade qui consistait à appliquer contre le mur un grand nombre d'échelles pour y faire monter plusieurs files de soldats.

Pour la rendre inutile et impraticable, on y opposa la hauteur des murailles, et encore plus celles des tours dont elles étaient flanquées, de sorte que les échelles ne pouvaient plus y atteindre. Il fallut donc trouver un autre moyen pour arriver jusqu'à la hauteur des remparts ; et ce fut de bâtir des tours de bois roulantes, plus hautes que les murs, et de les en approcher. Sur le haut de la tour, qui formait une espèce de plate-forme, étaient placés des soldats qui, à coups de traits et de flèches, et par le secours des balistes et des catapultes, nettoyaient les remparts ; et alors, d'un étage qui était au-dessous, on faisait couler un espèce de pont-levis, qu'on appuyait sur les murs pour entrer dans la place.

On employa un troisième moyen, qui abrégea beaucoup la durée des sièges; c'est celui des béliers pour ouvrir les murs et y faire des brèches. Le bélier était une grosse poutre de bois, armée par le bout d'un bec de fer ou d'airain, que l'on poussait avec violence contre les murs. Il y en avait de plusieurs sortes. Je me réserve à en parler ailleurs avec plus d'étendue, aussi bien que des autres machines.

Reste un quatrième moyen, savoir la sape et la mine, qui avait un double usage. On conduisait un chemin souterrain au-dessous du fondement des murs, et le creusant jusqu'au-dedans de la ville, on s'en faisait un passage pour y entrer; ou bien l'on se contentait, après avoir étayé le fondement, de remplir le vide de toutes sortes de matières combustibles, auxquelles on mettait le feu, pour consummer les étais, calciner la maçonnerie, et faire tomber des pans de muraille.

2° Défenses des places.

Il paraît que, pour fortifier les places et

les défendre, on employait tous les principes essentiels et toutes les règles fondamentales que l'art de la fortification suit aujourd'hui : par les inondations pratiquées à propos autour de la place, pour en empêcher les approches ; par la profondeur et l'escarpement des fossés, couronnés de palissades, pour en rendre la descente plus difficile, par l'épaisseur des remparts terrassés ou de maçonnerie, pour les mettre à l'épreuve du bélier, et par leur hauteur pour les garantir contre l'escalade ; par les tours saillantes, d'où sont venus les bastions modernes, pour flanquer les courtines ; par l'ingénieuse invention de différentes machines propres à tirer des flèches, des dards, des traits, et à jeter avec raideur de grosses pierres ; par les parapets et les créneaux des murs pour la sûreté du soldat, et par les galeries couvertes qui régnaient le long des murs et lui tenaient lieu de souterrains ; par les retranchemens derrière les brèches ou à la gorge des tours ; par les sorties, pour renverser les travaux des assiégeans et mettre le feu à leurs machines ; par les contre-mines, pour rendre inutiles celles de l'ennemi, par la construction des citadelles, pour servir de retraite et de dernière ressource à une garnison près d'être forcée; et pour rendre inutile la prise de la ville, ou pour y faire une capitulation plus avantageuse. Ce sont là presque tous les moyens que l'art de la fortification avait appris aux anciens, et ce sont les mêmes que le génie pratique aujourd'hui, avec quelques changemens que la différence des armes a suggérés.

J'ai cru devoir entrer dans ce détail, pour donner au lecteur quelque idée de l'ancienne manière de défendre les places, et pour détruire le préjugé de bien des modernes, qui pensent que, parce qu'on a donné maintenant d'autres noms aux mêmes choses, elles sont bien différentes pour les principes et pour le fond. Depuis l'invention de la poudre, on a substitué le canon au bélier, et la mousqueterie aux balistes, aux catapultes, aux scorpions, aux javelots, aux frondes, aux flèches. S'ensuit-il pour cela que l'essentiel de la défense de places ait changé? non certainement. Ils tiraient de la solidité des corps et des forces mouvantes tout ce que l'art le plus ingénieux, en pouvait tirer.

§ VII. J'ai déja averti plus d'une fois qu'il ne fallait pas juger du mérite et du courage des troupes persanes dans tous les temps, parce qu'on en voit sous le règne de Cyrus. Je finirai l'article de la guerre par une judicieuse réflexion de M. Bossuet sur ce sujet. Il remarque que depuis ce prince, les Perses, généralement parlant, ne surent plus ce que peuvent dans une armée la sévérité, la discipline, l'arrangement des troupes, l'ordre des marches et des campemens, et enfin une certaine conduite qui fait remuer ces grands corps sans confusion et à propos. Toujours occupés d'une vaine ostentation de puissance et de grandeur, et comptant plus sur la force que sur la prudence, sur le nombre que sur le choix, ils croyaient avoir tout fait quand ils avaient ramassé un peuple immense, qui allait au combat assez résolument, mais sans ordre, et qui se trouvait embarrassé d'une multitude infinie de personnes inutiles que le roi et les grands traînaient après eux; car leur mollesse était si grande, qu'ils voulaient trouver dans l'armée la même magnificence et les mêmes délices que dans les lieux où la cour faisait sa demeure ordinaire ; de sorte que les rois marchaient accompagnés de leurs femmes, de leurs concubines, et de leurs eunuques. La vaisselle d'or et d'argent et les meubles précieux suivaient dans une abondance prodigieuse, et enfin tout l'attirail que demande une telle vie. Une armée composée de cette sorte, et déja embarrassée de la multitude excessive de ses soldats, était surchargée par le nombre démesuré de ceux qui ne combattaient point. Dans cette confusion, on ne pouvait se mouvoir de concert ; les ordres ne venaient jamais à temps, et, dans une action, tout allait comme à l'aventure, sans que personne fût en état de pourvoir à ce désordre. Joint encore qu'il fallait avoir fini bientôt, et passer rapidement dans un pays ; car ce corps immense, et avide non-seulement de ce qui était nécessaire pour la vie, mais encore de ce qui servait au plaisir, consumait tout en peu de temps, et on a peine à comprendre d'où il pouvait tirer sa subsistance.

Cependant, avec ce grand appareil, les Perses étonnaient les peuples qui ne savaient pas mieux la guerre qu'eux. Ceux

mêmes qui la savaient se trouvèrent ou af-
faiblis par leurs propres divisions, ou ac-
cablés par la multitude de leurs ennemis.
Et c'est par là que l'Egypte, toute superbe
qu'elle était, et de son antiquité et de ses
sages institutions et des conquêtes de son
Sésostris, devint sujette des Perses. Il ne
leur fut pas malaisé de dompter l'Asie-Mi-
neure, et même les colonies grecques, que
la mollesse de l'Asie avait corrompues;
mais quand ils vinrent à la Grèce même,
ils trouvèrent ce qu'ils n'avaient jamais
vu : une milice réglée, des chefs entendus,
des soldats accoutumés à vivre de peu, des
corps endurcis au travail, que la lutte et
les autres exercices ordinaires dans ce
pays rendaient adroits, des armées médiocres à la vérité, mais semblables à ces
corps vigoureux, où il semble que tout
soit nerf et où tout est plein d'esprit; au
reste, si bien commandées et si souples
aux ordres de leurs généraux, qu'on eût
cru que les soldats n'avaient tous qu'une
même ame, tant on voyait de concert dans
leurs mouvemens.

Arts, Sciences.

Je n'entreprends point de parler de la poésie des Orientaux, qui ne nous est guère connue que par ce qui s'en trouve dans les livres saints. Ces morceaux précieux suffisent pour nous faire connaître l'origine de la poésie, sa véritable destination, l'usage qu'en ont fait les hommes inspirés de Dieu pour célébrer sa grandeur et chanter ses merveilles, la noblesse et la sublimité du style qui lui convient, proportionnées à la majesté des sujets qu'elle traite. Les discours des amis de Job, établis comme lui dans l'Orient, et qui n'étaient pas moins distingués entre les Gentils par leur érudition que par leur naissance, pourraient aussi nous donner quelque idée du genre d'éloquence qui régnait alors.

Ce que les prêtres égyptiens disaient, selon Platon, des Grecs en général, et des Athéniens en particulier, qu'ils étaient des enfans dans l'antiquité, est bien vrai à l'égard des arts et des sciences, dont ils ont faussement attribué l'invention à des per—

sonnes chimériques et postérieures de beaucoup au déluge. L'Ecriture nous apprend que, dès avant ce temps-là, Dieu avait découvert aux hommes l'art de cultiver la terre par le labour : de nourrir les troupeaux, en demeurant sous des tentes : de filer la laine et le lin, et d'en faire des étoffes et de la toile : de polir le fer et l'airain, et de les faire servir à une infinité d'usages nécessaires à la vie ou à la société.

La même Ecriture nous apprend encore qu'assez peu de temps après le déluge, l'industrie humaine avait fait plusieurs découvertes très dignes d'admiration, et qu'elle avait trouvé, 1° le secret de filer l'or et de le faire entrer dans le tissu des étoffes ; 2° le secret de battre l'or, et de dorer par des couches légères le bois et les autres matières ; 3° de jeter en fonte les métaux d'airain, d'argent, d'or : d'en faire toutes sortes de figures, en imitant parfaitement la nature ; d'exprimer les différens objets, et d'en faire toutes sortes d'ornemens et de vaisseaux ; 4° d'appliquer la peinture, aussi bien que la sculpture, sur le bois, sur les pierres, sur les marbres ; 5° enfin pour abréger, de faire la teinture des étoffes dans les plus belles couleurs.

Comme ce fut dans l'Asie que les hommes s'établirent d'abord après le déluge, il est aisé de comprendre qu'elle fut comme le berceau des arts et des sciences, dont le souvenir s'était conservé par la tradition, et dont la nécessité et le besoin les obligèrent de renouveler et, pour ainsi dire, de ressusciter l'usage.

§ I. La construction de la tour de Babel, et peu de temps après celle de ces fameuses villes qui ont été regardées comme des prodiges, Babylone et Ninive : la magnificence des vastes palais des rois et des seigneurs, distribués en plusieurs salles et appartemens, et ornés de tout ce que la décence et le commodité peuvent exiger ; la régularité et la symétrie des colonnes et des voûtes multipliées et élevées les unes sur les autres ; la grandeur des portes des villes ; la largeur et l'épaisseur des remparts ; la hauteur et la solidité des tours ; la commodité des quais sur les bords des grosses rivières ; la hardiesse des ponts bâtis sur les grands fleuves ; tout cela, et plusieurs autres ouvrages semblables, montrent jusqu'où, dans une antiquité si reculée, l'architecture avait été portée.

Je ne sais pourtant si dès lors elle était parvenue à cette perfection que la Grèce et l'Italie lui ont depuis donnée, et si ces vastes bâtimens de l'Asie et de l'Egypte, si vantés par les anciens, avaient autant de régularité que de grandeur et d'étendue. J'entends parler de cinq ordres d'architecture, le Toscan, le Dorique, l'Ionique, le Corinthien, le Composite; mais je ne vois point d'ordre Asiatique ou Égyptien, ce qui donnerait assez lieu de douter si la symétrie, les mesures, les proportions des colonnes, des pilastres et des autres ornemens, régnaient parfaitement dans ces anciens édifices.

§ II. Il n'est pas étonnant que, dans un pays comme l'Asie, livré au plaisir, aux délices et à la bonne chère, la musique, qui en faisait le principal assaisonnement, y ait été en honneur, et cultivée avec un grand soin. Le seul nom des principaux modes de l'ancienne musique, et que la moderne a conservé, le *Dorien*, le *Phrygien*, le *Lydien*, l'*Ionien*, l'*Eolien*, marque assez quel a été le lieu de sa naissance, ou du moins celui où elle s'est accrue et perfectionnée. L'Écriture sainte nous apprend que, du temps de Laban, la musique et les instrumens étaient fort en usage dans le pays qu'il habitait, c'est-à-dire dans la Mésopotamie, puisque, entre autres reproches qu'il fait à Jacob son gendre, il se plaint que, par sa fuite précipitée, il ne lui a pas laissé lieu de le reconduire lui et sa famille, « avec des chants de joie, au « bruit des tambours et au son des harpes. » Dans le butin que Cyrus fit mettre à part pour Cyaxare son oncle, il est fait mention de deux musiciennes très habiles qui accompagnaient une dame de Suse, et qu'on avait faites prisonnières avec elle.

C'est une question qui exerce les savans, de connaître jusqu'à quel point de perfection la musique a été portée chez les Anciens : question d'autant plus difficile à décider, que, pour y réussir, il semblerait nécessaire d'exposer aux yeux et ensuite au jugement des oreilles plusieurs pièces de musique notées à l'antique; et que par malheur il n'en est pas ici comme de la sculpture et de la poésie anciennes, dont il nous reste d'illustres monumens; au lieu que l'antiquité ne nous a conservé aucun ouvrage qui puisse nous faire juger sûrement si la musique des anciens était aussi parfaite que la nôtre.

On convient aussi qu'ils ont connu la triple symphonie, c'est-à-dire le concert des voix, celui des instrumens, et celui qui dépend de ceux-ci avec les voix.

On convient aussi qu'ils ont excellé pour ce qui regarde le *rhythme*. On appelle ainsi l'assemblage de plusieurs temps, qui gardent entre eux certain ordre ou certaines proportions. Pour entendre cette définition, il faut observer que la musique dont il s'agit ici se chantait toujours sur les paroles de quelques vers, dont toutes les syllabes étaient brèves ou longues; qu'ainsi la première était censée ne faire qu'un temps, au lieu que la seconde en faisait deux; que, par conséquent, le son qui répondait à celle-ci durait deux fois autant que le son qui répondait à celle-là, ou, ce qui revient au même, avait deux temps pendant que l'autre n'en avait qu'un; que les vers qu'on chantait étaient composés d'un certain nombre de pieds, que formaient ces syl-

flabes longues ou brèves différemment
combinées; et que le rhythme du chant
suivait régulièrement la marche de ces
pieds. Comme ceux-ci, de quelque nature
ou de quelque étendue qu'ils pussent être,
se divisaient toujours en deux parties
égales, ou inégales, dont la première s'appelait *élévation*, et le second *abaissement* ou
position; de même le rhythme du chant,
qui répondait à chacun de ses pieds, se
partageait en deux également ou inégale-
ment par ce que nous nommons aujourd'hui
un *frappé* et un *levé*, c'est-à-dire par un
bruit ou une percussion, et par un repos.
L'attention scrupuleuse que les anciens
avaient à la quantité des syllabes dans leur
musique vocale, en rendait le rhythme plus
parfait et plus régulier que le nôtre : car
la poésie chez nous ne se mesure point
suivant les longues et les brèves; ce qui
n'empêche pas néanmoins qu'un habile
musicien ne doive faire sentir, par la durée
des sons, la quantité de chaque syllabe. J'ai
copié ce que je viens de dire du rhythme,
d'une des dissertations de M. Burette; et
je l'ai fait en faveur des jeunes gens, à qui
ce petit morceau pourra être fort utile pour

l'intelligence de plusieurs endroits des auteurs anciens. Je reviens à mon sujet.

Ce qui fait le principal sujet de la dispute entre les savans sur la musique des anciens est de savoir s'ils ont connu celle que nous appelons *musique à plusieurs parties*, c'est-àdire dans laquelle ces différentes parties forment chacune à part un chant suivi, et s'accordent toutes ensemble, comme il arrive dans notre *contre-point*, soit simple, soit composé. On peut voir sur cet article, et sur tout ce qui regarde la musique des anciens les savantes dissertations de M. Burette, insérées dans le iiie, ive et v^e tomes des Mémoires de l'Académie des Belles-Lettres, qui font connaître la profonde érudition et le goût exquis de cet écrivain.

§ III. On découvre aussi, dans ces temps reculés, l'origine de la médecine, dont les commencemens, comme de tous les arts et de toutes les sciences, sont encore bruts et grossiers. Hérodote, et après lui Strabon, remarquent que c'était une coutume généralement établie chez les Babyloniens, d'exposer les malades à la vue des passans, pour s'informer d'eux s'ils n'avaient point été attaqués d'un mal pareil, et pour savoir par quels remèdes ils en avaient été guéris. C'est ce qui a fait dire à plusieurs que la médecine est une science conjecturale et expérimentale, qui est née des observations qu'on avait faites sur la nature des différentes maladies, et sur ce qui est favorable ou contraire à la santé. Il faut convenir que l'expérience peut beaucoup, mais elle ne suffit pas. Le fameux Hippocrate en fit grand usage, mais ne s'y arrêta point. C'était la coutume, que tous les malades qui avait été guéris missent dans le temple d'Esculape un tableau, où ils expliquaient par quels remèdes ils l'avaient été. Ce célèbre médecin fit décrire tous ces mémoires, et sut bien en profiter.

La médecine, dès le temps de la guerre de Troie, était en grand usage et en grand honneur. Esculape, qui vivait alors, en est regardé comme l'inventeur, et il l'avait déja portée à une grande perfection par une profonde connaissance de la botanique, par l'apprêt des médicamens et par les opérations de la chirurgie; car toutes ces parties n'étaient point séparées de la médecine, et ne faisaient toutes ensemble qu'une même profession.

Les deux enfans d'Esculape, Podalirius et Machaon, qui commandaient un certain nombre de troupes à ce siège, étaient aussi excellens médecins que braves capitaines ; et ne rendaient pas moins de services à l'armée par leur habileté dans cet art, que par leur courage dans les combats. Achille même, non plus qu'Alexandre dans la suite, n'avait pas jugé cette connaissance inutile à un général, ni au-dessous de lui. Il l'avait apprise du centaure Chiron, et l'avait enseignée lui-même à Patrocle son ami, qui en fit usage en pansant la plaie d'Eurypile.

Il guérit cette plaie par le moyen d'une racine qui, sur-le-champ, fit cesser la douleur et arrêta le sang. La botanique, c'est-à-dire la médecine qui traite et fait usage des herbes et des plantes, était fort connue et presque seule employée dans les premiers temps. Virgile, en parlant d'un célèbre médecin, à qui Apollon lui-même avait enseigné la médecine, semble borner cet art à la connaissance des simples :

Scire potestates herbarum usumque medendi.

smaluit. C'était la nature elle-même qui présentait aux hommes ces innocens et salutaires remèdes, et qui semblait les inviter à en faire usage. Les jardins, les campagnes, les forêts les fournissaient abondamment et gratuitement. On ne faisait point encore usage des minéraux, de thériaques et d'autres compositions qu'une étude plus sérieuse de la nature a fait inventer depuis.

Pline dit que la médecine qu'Esculape, vers le temps du siège de Troie, avait mise en grande réputation, tomba bientôt après dans l'oubli, et demeura comme ensevelie dans les ténèbres jusqu'au temps de la guerre du Péloponèse, où Hippocrate la ressuscita en quelque sorte et la remit en honneur. Cela peut-être vrai pour la Grèce, mais nous voyons qu'elle avait toujours été fort cultivée et fort estimée dans la Perse. Le grand Cyrus, comme Xénophon le remarque, ne manquait jamais de mener avec lui à l'armée un certain nombre d'excellens médecins, qu'il récompensait avantageusement, et à qui il témoignait une grande considération; et il observe qu'il avait trouvé cette coutume établie anciennement parmi les généraux: et le même Xénophon nous apprend que le jeune Cyrus en usait de la même sorte.

Il faut avouer néanmoins que c'est Hippocrate qui a porté la médecine au plus haut point de perfection; et quoiqu'il soit constant que depuis lui on a ajouté beaucoup de connaissances à celles qu'il avait acquises, encore aujourd'hui il est regardé par les plus habiles médecins comme le premier maître dans cet art, et celui dont l'étude doit le plus occuper ceux qui veulent y réussir.

Des hommes formés de la sorte, qui, à l'étude qu'ils ont faite des plus célèbres médecins, tant anciens que modernes, à la connaissance qu'ils ont acquise de la vertu des simples, des principes de la physique, de la constitution du corps humain, ont ajouté une longue expérience et de sérieuses réflexions; de tels hommes méritent bien, dans un état policé, d'être distingués et récompensés, comme le Saint-Esprit le recommande dans l'Écriture: « L'habileté du médecin l'élèvera en honneur; il sera comblé de louanges, même « par les grands: et les rois lui feront des présens ; » puisqu'ils consacrent tous leurs travaux et toutes leurs veilles à la conservation de la santé des citoyens, qui est de tous les biens humains le plus cher et le plus précieux. Ce bien pourtant est celui que l'on ménage le moins : non-seulement on se ruine la santé par les excès, mais on la confie, par une aveugle crédulité, à des hommes sans aveu et sans expérience, qui séduisent les malades par leur air imposant, ou par la douce espérance de la guérison dont ils les flattent.

§ IV. Quelque envie qu'aient eue les Grecs de se donner pour auteurs et inventeurs de tous les arts et de toutes les sciences, ils n'ont pu absolument disputer aux Babyloniens l'honneur d'avoir jeté les premiers fondemens de l'astronomie. La situation avantageuse de Babylone, bâtie dans une plaine fort étendue, et où la vue n'était bornée par aucunes montagnes ; l'air pur et serein qui régnait toujours dans ce pays, et donnait lieu de contempler les astres ; peut-être aussi la hauteur extraordinaire de la tour de Babel, qui semblait faite pour servir d'observatoire, furent, à l'égard de ces peuples, de puissans attraits qui les portèrent à examiner avec soin les divers mouvemens du ciel et le cours réglé des astres. M. l'abbé Renaudot, dans sa dissertation sur la spère, remarque que la plaine appelée dans l'Écriture sainte Sennaar, et où Babylone fut bâtie, est la même que les Arabes appellent Sinjar où le calife Almamon, septième des Habbassides, sous lequel les sciences commencèrent à être florissantes parmi les Arabes, fit faire les observations astronomiques qui servirent durant plusieurs siècles à tous les astronomes de l'Europe; et que le sultan Gelaleddin-Mélikschah, troisième des Seljukides, en fit faire de semblables près de 300 ans après dans le même lieu: ce qui fait voir qu'il a toujours paru le plus propre à faire des observations astronomiques.

Celles que firent les Babyloniens ne purent pas être portées d'abord à une grande perfection, n'étant pas encore aidées du secours des télescopes, c'est-à-dire des lunettes d'approche, dont l'invention est assez récente, et a servi beaucoup à perfectionner, dans le dernier siècle, les recherches d'astronomie. Quelles qu'elles aient été, elles ne sont point parvenues jusqu'à nous. Épigène, auteur grave et digne de foi, selon Pline, parle d'observations faites pendant 720 ans, et qui étaient empreintes sur des carreaux de brique, ce qui marquerait une antiquité fort reculée. Celles dont Callisthène, philosophe de la suite d'Alexandre, fait mention, et dont il rendit compte à Aristote, embrassent 1903 ans, et par conséquent remontent assez près du déluge, et du temps où Nemrod bâtit Babylone.

On doit certainement savoir bon gré et rendre justice au travail et aux recherches curieuses de ceux qui ont contribué à inventer ou à perfectionner une science si utile, non-seulement pour l'agriculture et la navigation, par la connaissance qu'elle donne du cours réglé des astres et de la proportion merveilleuse et toujours uniforme des jours, des mois, des saisons et des années; mais pour la religion même, avec laquelle Platon montre que l'étude de cette science a une liaison étroite et nécessaire, puisqu'elle tend directement à inspirer un grand respect pour la Divinité, qui préside avec une sagesse infinie au gouvernement de l'univers, et qui est présente et attentive à toutes nos actions. Mais on ne peut assez plaindre ces mêmes philosophes, qui, étant arrivés par leur heureux travail et par leurs recherches astronomiques tout près du créateur, ont eu le malheur de ne le point trouver, parce qu'ils ne l'ont point servi ni adoré, et qu'ils n'ont pas conformé leurs actions aux règles de ce divin modèle.

§ V. Pour ceux de Babylone et de l'Orient, l'étude des astres, loin de les conduire, comme elle aurait dû, à la connaissance de celui qui en est le créateur et le maître, les jeta pour la plupart dans l'impiété et dans les folies de l'astrologie judiciaire. On appelle ainsi cette science fausse et téméraire, qui enseigne à juger de l'avenir par la connaissance des astres, et à prédire les évènemens par la situation des planètes et par leurs différens aspects : science traitée avec raison de rêverie et d'extravagance parce qu'il y a eu d'écrivains plus sensés dans le paganisme même. *O delirationem incredibilem!* s'écrie Cicéron, en réfutant la folle pensée de ces astrologues, appelés souvent Chaldéens, du pays où cette science avait pris son origine;

qui, en conséquence des observations faites, disaient-ils, par leurs prédécesseurs sur tous les évènemens passés pendant l'espace seulement de quatre cent soixante-dix mille ans, prétendaient connaître sûrement, par l'aspect et la combinaison des astres et des planètes dans le moment de la naissance d'un enfant, quels seraient son génie, son caractère, ses mœurs, la constitution de son corps, ses actions, en un mot tous les évènemens et la durée de sa vie. Il relève mille absurdités d'un sentiment dont le ridicule seul doit inspirer du mépris, et demande·pourquoi d'une infinité d'enfans qui naissent dans le même moment, et sans doute sous l'aspect précisément des mêmes astres, il n'y en a pas deux dont le sort et la vie se ressemblent. Il demande encore si de ce grand nombre d'hommes qui périrent à la bataille de Cannes d'un même genre de mort, tous étaient nés sous les mêmes constellations.

On ne croirait pas qu'un art si absurde, uniquement fondé sur l'imposture et l'artifice, *fraudulentissima artium*, dit Pline, eût pu acquérir tant de crédit dans tout l'univers et dans tous les siècles. Ce qui lui a donné un si grand cours, continue cet auteur, est la curiosité naturelle à l'homme de percer dans l'avenir, et de connaître par avance ce qui doit lui arriver ; jointe à une superstitieuse crédulité, qui se trouve agréablement flattée par les magnifiques promesses dont ces diseurs de bonne aventure ne sont pas avares.

Les écrivains modernes, et entre autres deux de nos plus grands philosophes, Gassendi et Rohault, se sont déclarés avec la même force contre la folie de cette prétendue science, et ont démontré qu'elle était également destituée et de principes et d'expériences.

De principes. Le ciel, selon les astrologues, est divisé en douze parts égales ; elles sont prises, non selon les pôles du monde, mais selon ceux du zodiaque. Les douze portions du ciel ont chacune un attribut, comme les richesses, la science, les parens, et ainsi du reste. La portion la plus importante et la plus décisive, est celle qui est prochainement sous l'horizon, et qui est appelée l'ascendant, parce qu'elle est prête à monter et à paraître sur l'horizon lorsqu'un homme vient au monde. Les planètes sont divisées en favorables, nuisibles, et mixtes : les aspects de ces planètes, qui ne sont que certaines distances entre elles, sont aussi ou heureux ou funestes. Je passe plusieurs autres hypothèses toutes également arbitraires, et je demande si un homme de bon sens peut les admettre sur la simple parole de ces imposteurs, sans aucunes preuves, sans même la moindre ombre de vraisemblance. Le moment précis, et d'où dépend tout le reste des prédications, est celui de la naissance. Et pourquoi pas celui de la conception? Pourquoi les étoiles ne font-elles rien pendant neuf mois de grossesse? Peut-on même jamais, dans la rapidité incroyable du mouvement des cieux, être sûr d'avoir saisi le moment précis et décisif, sans qu'il y ait eu du plus ou du moins, ce qui suffit pour tout renverser? Il y a mille questions pareilles à faire.

Ils peuvent encore moins se flatter d'avoir pour eux l'expérience. Elle ne pourrait consister que dans les observations qu'on aurait faites d'événemens arrivés toujours de la même sorte lorsque les planètes se seraient trouvées dans une certaine situation. Or, du consentement de tous les astronomes, il faut plusieurs milliers d'années pour rencontrer seulement deux fois telle constitution des astres que l'on voudra s'imaginer; et il est très certain que celle que le ciel doit avoir demain ne s'est point encore vue depuis la création du monde. On peut consulter les deux philosophes que j'ai cités, et surtout Gassendi, qui a traité la matière plus au long. C'est sur de pareils fondemens qu'est posé tout l'édiffice de l'astrologie judiciaire.

Mais ce qui est étonnant, et qui marque un renversement entier de raison; c'est que de prétendus esprits forts, qui se raidissent opiniâtrément contre les preuves les plus convaincantes de la religion, qui refusent de croire, sur la parole de Dieu même, les prophéties les plus claires et les plus certaines, se livrent quelquefois totalement aux vaines prédictions de ces astrologues et de ces imposteurs.

Saint Augustin, en plusieurs endroits de ses écrits, nous avertit que cette folle et sacrilège crédulité est un juste châtiment de Dieu, qui punit souvent l'aveu-

...glement volontaires des hommes par des ténèbres plus épaisses, et qui permet que ses démons, pour les mieux retenir dans leurs filets, leur fassent prédire quelquefois des choses qui arrivent effectivement, mais dont souvent l'attente ne sert qu'à les tourmenter.

Dieu, qui seul prévoit l'avenir, parce qu'il en dispose seul avec une souveraine autorité, insulte souvent dans ces Ecritures * à l'ignorance des astrologues de Babylone tant vantés, qu'il traite de fabri-

* « Le mal vous attaquera, sans que vous ayez pu le conjecturer par aucun indice. Vous vous trouverez surprise par des malheurs que vous ne pourrez détourner (par vos maléfices), et une désolation que vous n'aurez jamais prévue viendra fondre tout d'un coup sur vous. Appelez à votre secours vos enchanteurs, et tous les secrets de la magie, auxquels vous vous êtes appliquée avec tant de travail dès votre jeunesse, pour voir si vous en tirerez quelque avantage. Vous vous êtes fatiguée à consulter une multitude d'imposteurs. Que vos astrologues qui contemplent le ciel, qui étudient le cours et la disposition des astres, et qui prédisent chaque mois ce qu'il vous doit arriver, viennent maintenant, et qu'ils vous sauvent... Le feu les dévorera eux-mêmes, et ils ne pourront délivrer leurs ames des flammes ardentes. » ISAI. ch. 47, vers. 11-14.

cateurs de mensonges, et il donne hautement le défi à tous les faux dieux de prédire quelque chose, consentant, s'ils y réussissent, qu'on les révère comme des dieux. Puis, apostrophant Babylone, il lui annonce dans le dernier détail toutes les circonstances des maux dont il l'accablera plus de deux cents ans après, sans que ses enchanteurs, qui la flattaient d'avoir lu dans les astres les assurances de sa grandeur éternelle, puissent en détourner l'effet, ni même en prévoir l'accomplissement. Mais comment l'auraient-ils fait, puisque dans le temps même de l'exécution, lorsque Balthazar, dernier roi de Babylone, vit sortir de la muraille une main qui y traçait des caractères inconnus, les mages, les Chaldéens, les augures, en un mot, tous les prétendus sages du pays, ne purent venir à bout de lire cette écriture. Voilà donc l'astrologie et la magie convaincues d'ignorance et d'impuissance dans le lieu même où elles étaient la plus en vogue, et dans une occasion où il était certainement de leur intérêt d'étaler toute leur science et tout leur pouvoir.

ARTICLE IV.

Religion.

La plus ancienne et la plus générale idolâtrie a été celle qui a eu le soleil et la lune pour objets. Elle était fondée sur une fausse reconnaissance, qui, au lieu de remonter jusqu'à Dieu, s'arrêtait au voile qui le cachait en le montrant. Avec la moindre réflexion on eût pu discerner le le maître qui commandait, du ministre * qui ne faisait que lui obéir.

On a toujours senti qu'il devait y avoir nécessairement un commerce entre Dieu et l'homme ; et l'adoration suppose que Dieu soit attentif aux desirs de l'homme, et capable de les remplir. Mais la distance du soleil et de la lune est un obstacle à ce commerce. Les hommes aveugles ont tâché de remédier à cet inconvénient, en portant leur main à leur bouche, et en l'élevant ensuite vers ces fausses divinités, pour leur témoigner qu'ils voudraient s'y unir, mais qu'ils ne peuvent. C'est de cette coutume impie usitée dans tout l'Orient, que Job se trouvait heureux d'avoir été préservé : *Je*

---

* Chez les Hébreux, le nom ordinaire du soleil signifie *ministre*.

n'ai point regardé le soleil dans son grand éclat, ni la lune lorsqu'elle avait plus de majesté, « et je n'ai point porté ma main à ma bouche pour la baiser. »

Les Perses adoraient le soleil avec un profond respect, et surtout le soleil levant. Ils lui consacraient un char magnifique avec des chevaux de grand prix, comme on l'a vu dans la célèbre cavalcade de Cyrus. (Cette même cérémonie était en usage chez les Babyloniens, et c'était d'eux que l'avaient empruntée quelques rois impies de Juda.) Ils lui immolaient aussi quelquefois des bœufs. Ce dieu était fort connu chez eux sous le nom de Mithra.

Par une suite naturelle du culte qu'ils rendaient au soleil, ils honoraient aussi particulièrement le feu, l'invoquaient toujours le premier dans les sacrifices, les portaient par respect devant le prince lorsqu'il était en marche, ne confiaient qu'aux mages la garde de ce feu sacré, qu'ils prétendaient être descendu du ciel, et auraient regardé comme un grand malheur si on l'avait laissé éteindre. L'histoire nous apprend que l'empereur Héraclius, lorsqu'il porta la guerre contre les Perses, démolit plusieurs de leurs temples, et en particulier la chapelle où ce feu avait été conservé jusque-là; ce qui causa un grand deuil et une extrême désolation dans tout le pas. Ils honoraient aussi l'eau, la terre, les vents comme autant de divinités.

La cruelle cérémonie de faire mourir les enfans dans le feu était sans doute une suite du culte qu'on rendait à cet élément; car ce culte était commun aux Perses avec les Babyloniens. L'Ecriture le dit positivement des peuples de Mésopotamie, qui furent envoyés en colonie dans le pays des Samaritains : *Comburebant filios suos igni.* L'on sait combien cette barbare coutume était devenue commune dans plusieurs provinces de l'Asie.

Les Perses avaient encore deux dieux d'une espèce particulière; savoir, Oromasde et Arimanius. Le premier était regardé comme l'auteur des biens qui leur arrivaient, et l'autre comme l'auteur des maux dont ils étaient affligés. J'en parlerai plus au long dans la suite.

Ils n'érigeaient ni statues, ni temples, ni autels à leurs dieux, et offraient leurs sacrifices en plein air, et presque toujours

17.

sur des hauteurs et des montagnes. Ce fut en pleine campagne que Cyrus s'acquitta de ce devoir de religion dans sa cavalcade. On croit que ce fut sur l'avis, et à la sollicitation des mages, que Xerxès, roi de Perse, brûla tous les temples de la Grèce, regardant comme une chose injurieuse à la Divinité de la renfermer dans l'enceinte des murailles, elle à qui tout était ouvert, et dont l'univers entier devait être regardé comme la maison et le temple.

Cicéron croit qu'en cela les Grecs et les Romains ont agi plus sagement que les Perses, en érigeant aux dieux des temples dans leurs villes, et leur y donnant un domicile commun avec eux; ce qui était fort propre à inspirer aux peuples des sentimens de respect et de religion. Varron n'en pensait pas ainsi (c'est saint Augustin qui nous a conservé cet endroit) : après avoir marqué que les Romains avaient honoré les dieux sans statues pendant plus de cent soixante et dix ans, Varron ajoute que, si l'on avait conservé cette coutume, le culte des dieux en serait plus pur et plus saint : et il fortifie son sentiment par l'exemple de la nation juive.

Les lois ne permettaient à aucun Perse de borner le motif de ses sacrifices à un intérêt domestique et privé. C'était une belle manière d'attacher les particuliers au bien public, que de leur apprendre qu'ils ne doivent jamais sacrifier pour eux seuls, mais pour le roi et pour tout l'état, où chacun se trouvait avec tous les autres.

Les mages, dans la Perse, étaient dépositaires de toutes les cérémonies du culte divin, et c'était à eux que le peuple s'adressait pour en être instruit, et pour savoir à quels dieux, quels jours et de quelle manière il convenait de faire des sacrifices. Comme ils étaient tous d'une même tribu, et que nul autre qu'un fils de prêtre ne pouvait prétendre à l'honneur du sacerdoce, ils réservaient pour eux et pour leur famille leurs lumières et leurs connaissances, tant sur la religion que par rapport à la conduite de l'état, et ils ne pouvaient les communiquer à aucun étranger sans la permission du roi. Elle fut accordée à Thémistocle, et ce fut, selon Plutarque, un effet particulier de la faveur du prince à son égard.

Cette étude, cette science de la religion,

qui a fait définir par Platon la magie, c'est-à-dire la science des mages, l'art d'honorer dignement les dieux, leur donnait beaucoup de crédit dans l'esprit des peuples et du prince, qui ne pouvait offrir aucun sacrifice sans leur présence et sans leur ministère.

Il fallait même que le roi, avant que de monter sur le trône, eût reçu de leurs leçons pendant un certain temps, et eût appris d'eux l'art de bien régner et l'art d'honorer dignement les dieux. Il ne se décidait aucune affaire importante dans l'état sans qu'ils eussent été auparavant consultés : ce qui fait dire à Pline que, de son temps encore, ils étaient regardés dans tout l'Orient comme les maîtres des princes et de ceux qui se disent les rois des rois.

Ils étaient les sages, les savans, les philosophes de la Perse, comme les gymnosophistes ou les brachmanes l'étaient chez les Indiens, et les druides chez les Gaulois. Leur haute réputation y attirait des pays les plus éloignés ceux qui desiraient s'instruire à fond de la philosophie et de la religion, et l'on sait que ce fut d'eux, aussi bien que des Egyptiens, que Pythagore emprunta les principes de cette doctrine qui le fit si fort respecter de tous les Grecs, si l'on en excepte pourtant la métempsycose, qu'il emprunta des Egyptiens, et par laquelle il dégrada et corompit le dogme ancien des mages sur l'immortalité de l'ame.

On convient assez que Zoroastre fut le chef et l'instituer de cette secte; mais les sentimens sont fort partagés sur le temps où il a vécu. Ce que dit Pline à ce sujet est fort propre à concilier les différentes opinions, comme l'a judicieusement remarqué M. Prideaux. On y lit qu'il y a eu deux Zoroastres, qui ont pu vivre à six cents ans l'un de l'autre. Le premier aura été l'instituteur de cette secte vers l'an du monde 2900; et le second, qui a vécu certainement entre le commencement du règne de Cyrus en Orient et la fin de celui de Darius, fils d'Hystatpe, en aura été le réformateur.

L'idolâtrie, dans tout l'Orient, était partagée en deux sectes principales, celle des *Sabéens*, qui adoraient les simulacres, et celle des *Mages*, qui adoraient le feu.

La première commença chez les Chaldéens. La connaissance qu'ils avaient de l'astronomie, et l'étude particulière qu'ils firent des sept planètes, dans lesquelles ils croyaient que résidaient autant de divinités qui en étaient comme l'ame, les portèrent à représenter Saturne, Jupiter, Mars, Apollon, Mercure, Vénus et Diane ou la Lune, par autant de simulacres et de statues, où ils s'imaginèrent que ces prétendues divinités, résidaient aussi réellement que dans les planètes mêmes. Le nombre des dieux ensuite augmenta chez eux fort considérablement. Ce culte passa de Chaldée dans tout l'Orient, de là en Égypte, et enfin chez les Grecs, qui le répandirent chez toutes les nations de l'Occident.

Aux *Sabéens* étaient diamétralement opposés les *Mages*, autre secte née dans les mêmes pays orientaux. Comme ils avaient en horreur les images, ils n'adoraient Dieu que sous la figure du feu, comme en étant le symbole le plus parfait par sa pureté, par son éclat, par son activité, par sa subtilité, par sa fécondité, par son incorruptibilité. Ils prirent leur commencement dans la Perse : c'est là, et dans les Indes seulement, que cette secte se répandit, et qu'elle a subsisté jusque aujourd'hui. Leur doctrine fondamentale était qu'il y a deux principes, l'un qui est la cause de tout le bien, l'autre qui est la cause de tout le mal. Le premier est représenté par la lumière, et l'autre par les ténèbres, comme leurs propres symboles. Ils nomment le dieu bon *Yasdan* ou *Oromuzd*, et le mauvais *Abraman*. Le premier est appelé par les Grecs *Oromasde*, et le dernier *Arimanius*. Aussi, quand Xerxès souhaitait à ses ennemis qu'il leur vînt toujours dans l'esprit de chasser les meilleurs et les plus braves de leurs citoyens, comme les Athéniens avaient chassé Thémistocle, il adressait sa prière à Arimanius, le mauvais dieu des Perses, afin qu'il leur inspirât cette pensée, et non à Oromasde, leur dieu bon.

A l'égard de ces deux dieux, il y avait cette différence de sentimens parmi eux, que les uns croyaient que l'un et l'autre étaient de toute éternité ; les autres, que, le dieu bon seulement était éternel, et que l'autre avait été créé. Mais ils convenaient tout en ceci, qu'il y aurait une opposition continuelle entre ces deux dieux jusqu'à la la fin du monde, qu'alors le bon prévaudrait sur le mauvais, et qu'après cela chacun d'eux aurait son propre monde, savoir : le bon, son monde, avec tous les gens de bien qui lui seraient unis ; et le mauvais aussi son monde, avec tous les méchans qui le suivraient.

Le second Zoroastre, qui vivait du temps de Darius, entreprit de réformer, en quelques articles seulement, la secte des mages, qui pendant plusieurs siècles, avait été la religion dominante des Mèdes et des Perses : mais qui, depuis la mort des chefs de cette secte usurpateurs de la couronne, et le massacre qui fut fait de ses sectateurs, était tombée dans un grand mépris. On croit que ce fut à Ecbatane qu'il commença à se produire.

Le principal changement qu'il fit dans la religion des mages, c'est qu'au lieu que ceux-ci posaient pour dogme fondamental qu'il y a deux principes suprêmes, l'un auteur du bien, qu'ils appelaient la lumière, et l'autre auteur du mal, qu'ils nommaient les ténèbres, et qu'étant toujours en opposition, c'était de leur mélange que toutes choses avaient été faites, il établit un principe supérieur aux deux autres, savoir : un Dieu suprême, auteur de la lumière et des ténèbres, et qui, par le mélange de ces deux principes, faisait toutes choses selon son bon plaisir.

Mais pour éviter de faire Dieu auteur du mal, voici ce qu'il enseignait. Il disait qu'il y a un être souverain, indépendant, et qui existe par lui-même de toute éternité; que sous cet être souverain il y a deux anges, un ange de lumière, qui est l'auteur du bien, et un ange de ténèbres, qui est l'auteur du mal ; que ces deux anges ont formé du mélange de la lumière et des ténèbres toutes les choses qui existent ; qu'ils sont continuellement en guerre l'un contre l'autre ; que lorsque l'ange des lumière se rend le maître, le bien l'emporte sur le mal, et que lorsque l'ange de ténèbres a l'avantage, le mal prévaut sur le bien, et que ce conflit durera jusqu'à la fin du monde ; qu'alors il y aura une résurrection universelle, et un jour de jugement, où chacun recevra la juste rétribution de ses œuvres ; qu'après cela l'ange des ténébres et ses disciples seront relégués dans un lieu où ils souffriront les peines dues à leurs crimes, dans une obscurité éternelle; et que l'ange de lumière et ses disciples iront aussi dans un lieu où ils recevront la récompense de leurs bonnes actions, dans une lumière éternelle; qu'ils seront séparés pour toujours, et que la lumière et les ténèbres ne seront plus jamais mêlées et confondues ensemble. Les restes de cette secte, qui subsistent encore dans la Perse et dans les Indes, retiennent encore aujourd'hui, depuis tant de siècles, tous ces articles, sans aucune variation.

Il n'est pas nécessaire d'avertir le lecteur que presque tous ces dogmes, quoique altérés en plusieurs points, ont en général une grande conformité avec les saintes Écritures; il est évident qu'elles n'ont point été inconnues aux deux Zoroastres, qui ont pu connaître tous deux le peuple de Dieu: le premier dans la Syrie, où les Israélites étaient établis depuis long-temps; le second à Babylone, où les mêmes Israélites avaient été transportés, et où Zoroastre aura pu consulter Daniel, qui était tout-puissant dans la cour du roi des Perses.

Une autre réforme que fit Zoroastre dans l'ancienne religion des mages, c'est qu'il fit bâtir des temples, où l'on conservait avec grand soin le feu sacré, qu'il prétendait avoir apporté lui-même du ciel. Les prêtres veillaient jour et nuit pour empêcher qu'il ne s'éteignît.

On trouve tout ce qui regarde les mages rapporté fort au long et fort savamment dans les deux premiers tomes de l'Histoire des Juifs, par M. Prideaux, dont je n'ai fait ici qu'extraire une très petite partie.

Mariages et Sépulture.

L'article de la religion des peuples d'Orient, que j'ai cru devoir traiter avec quelque étendue, parce que je la regarde comme une partie essentielle de leur histoire, m'oblige d'abréger ce qui concerne leurs autres coutumes. Celles des mariages et de la sépulture ne doivent pas être omises.

Rien n'est plus horrible, et ne marque mieux les profondes ténèbres où l'idolâtrie avait plongé le genre humain, que la prostitution publique des femmes à Babylone, non-seulement autorisée par les lois, mais commandée par la religion même dans une certaine fête de l'année, que l'on célébrait en l'honneur de la déesse Vénus sous le nom de Mylitta, dont le temple devenait, par cette infâme cérémonie, un lieu de débauche. Elle y régnait encore, et y était fort commune, lorsque les Israélites furent menés en captivité dans cette ville criminelle, et Jérémie se crut obligé de les prémunir et de les fortifier contre un scandale si abominable.

La dignité et la sainteté du mariage n'étaient pas plus connues chez les Perses. Je ne parle pas seulement de cette multitude incroyable de femmes et de concubines dont le sérail des rois était rempli, à l'égard desquelles ils poussaient la jalousie aussi loin que s'ils n'en eussent eu qu'une seule, les tenant toutes renfermées chacune dans un appartement séparé, sous la sévère garde des eunuques, sans aucune communication entre elles, et beaucoup moins encore avec les personnes du dehors. On ne saurait lire sans horreur jusqu'où ils avaient porté l'oubli et le mépris des lois les plus communes de la nature. L'inceste avec une sœur était permis chez eux par les lois, ou du moins autorisé par les mages, ces prétendus sages de la Perse,

comme on l'a vu dans l'histoire de Cambyse. Un Père même ne respectait pas sa
fille, ni une mère son fils. Nous lisons dans
Plutarque que Parysatis, mère d'Ataxerxe
Mnémon, qui cherchait en tous à com-
plaire au roi son fils, s'apercevant qu'il
avait conçu une violente passion pour
une de ses propres filles nommée Atossa,
loin de s'y opposer, lui persuada de l'é-
pouser et d'en faire sa femme légitime, en
se moquant des opinions et des lois des
Grecs. Car, lui dit-elle en poussant la
flatterie à un excès affreux, « c'est vous
« que Dieu a donné aux Perses comme la
« seule loi et la seule règle de tout ce qui
« est honnête ou déshonnête, vertueux ou
« vicieux. »

Cette coutume abominable durait encore du temps d'Alexandre-le-Grand, qui,
étant devenu maître de la Perse par la dé-
faite et par la mort de Darius, fit une loi
expresse pour la défendre. Ces excès nous
apprennent de quel abîme l'Évangile nous
a délivrés, et combien la sagesse humaine
est une faible barrière contre les crimes
les plus détestables.

Je finis, pour abréger, en disant un mot

18.

de la sépulture des morts. Ce n'était point la coutume dans l'Orient, et surtout chez les Perses, d'élever un bûcher dans les funérailles pour y consumer par les flammes les corps morts. Aussi voyons-nous que Cyrus en mourant recommanda avec grand soin à ses enfans d'inhumer son corps et de le rendre à la terre; ce sont ses expressions, par lesquelles il semble marquer qu'il regardait la terre comme sa première origine, où il était juste qu'on le fît retourner. Et Cambyse, après avoir fait essuyer au cadavre d'Amasis, roi d'Égypte, mille traitemens indignes, crut y mettre le comble en le faisant consumer par les flammes, ce qui était également contraire aux usages des Égyptiens et des Perses. Ceux-ci avaient coutume d'enduire et d'environner de cire les corps morts, pour les faire subsister plus long-temps.

J'ai cru devoir traiter ici avec quelque étendue ce qui regarde les mœurs et les coutumes des Perses, parce que l'histoire de ce peuple doit occuper une grande partie de mon ouvrage, et que je n'y reviendrai plus dans la suite. Le livre de Barn. Brisson, président du parlement de

Paris, sur le gouvernement des Perses, m'a été d'un grand secours. Ces sortes de recueils, quand ils sont faits par une main habile, épargnent beaucoup de peine, et fournissent à un écrivain des traits d'érudition qui lui coûtent peu et qui ne laissent pas souvent de lui faire beaucoup d'honneur.

ARTICLE V.

Causes de la décadence de l'empire des Perses, et du changement arrivé dans les mœurs.

Quand on compare ce qu'étaient les Perses avant Cyrus, et sous le règne de ce prince, avec ce qu'ils furent depuis sous ses successeurs, on a peine à comprendre que ce fût le même peuple; et l'on touche au doigt cette vérité, que dans un état la décadence des mœurs entraîne toujours après elle celle de l'empire.

Entre plusieurs causes du changement arrivé dans celui des Perses, on en peut surtout considérer quatre principales: la magnificence et le luxe portés au dernier excès; l'asservissement des peuples et des sujets, poussé jusqu'à l'esclavage; la mauvaise éducation des princes, qui fut la source de tous les désordres; le manque de bonne foi dans l'exécution des traités et des sermens.

§ I. Ce qui fit regarder les Perses du temps de Cyrus comme des troupes invincibles, c'était la vie sobre et dure à laquelle ils étaient accoutumés dès l'enfance, ne buvant ordinairement que de l'eau, se contentant pour leur nourriture de pain et de quelques légumes, couchant sur la dure, s'exerçant aux travaux les plus pénibles, et ne comptant pour rien les plus grands dangers. La température du pays où ils étaient nés, âpre, hérissé de forêts et rempli de montagnes, pouvait y avoir contribué; et c'est pourquoi Cyrus ne voulut jamais consentir au dessein qu'on avait de les transplanter dans un climat plus doux et plus commode. L'excellente éducation qu'on donnait aux Perses, dont nous avons parlé ailleurs avec assez d'étendue, qui n'était point abandonnée au caprice des parens, mais soumise à l'autorité des magistrats, et réglée sur les principes du bien public, les préparait à garder en tout et partout une discipline exacte et sévère. Ajoutez à cela l'exemple du prince, qui se piquait de passer tous

les autres en régularité, le plus sobre pour
le vivre, le plus simple dans ses vêtemens,
le plus endurci à la fatigue, le plus brave
et le plus intrépide dans l'action. Que ne
pouvait-on point attendre de soldats formés et exercés de la sorte ! Aussi fut-ce par
eux que Cyrus fit la conquête d'une grande
partie du monde.

Quand il s'en fut rendu maître, il les
exhorta fort à ne point dégénérer de leur
ancienne vertu, pour ne point dégénérer de
leur gloire, et à conserver toujours avec
soin la simplicité, la sobriété, la tempérance, l'amour du travail, qui les en
avaient mis en possession. Mais je ne sais
si lui-même, dès lors, ne jeta point les
semences du luxe qui gagna et corrompit
bientôt toute la nation. Dans cette auguste
cérémonie que nous avons décrite ailleurs
fort au long, et où il se montra pour la
première fois en public à ses sujets nouvel-
lement conquis, il crut devoir étaler avec
pompe, pour rehausser l'éclat de la
royauté, tout ce que la magnificence a de
plus brillant et de plus capable d'éblouir
les yeux. Entre autres choses, il changea
pour lui-même la manière de se vêtir, et

la fit changer aussi à tous ses officiers, leur donnant des habits à la mède, tout éclatans d'or et de pourpre, au lieu de ceux des Perses, qui étaient fort simples et fort unis.

Ce prince ne comprit pas combien l'exemple contagieux de la cour, la pente naturelle qu'ont tous les hommes à estimer et à aimer ce qui frappe et qui brille, le desir de se distinguer au-dessus des autres par un mérite facile à acquérir à proportion de ce qu'on a plus de biens et de vanité; combien tout cela ensemble était capable de corrompre la pureté des anciennes mœurs, et de rendre le goût du faste et du luxe bientôt dominant.

FIN DU CINQUIÈME VOLUME.

TABLE DES MATIÈRES

CONTENUES

DANS LE TOME CINQUIÈME.

FIN DE LA TABLE DU CINQUIÈME VOLUME.